DEVISES HEROIQUES

Devises Heroïques

Claude Paradin

Introduction by Alison Saunders

Scolar Press

Published by
SCOLAR PRESS
Gower Publishing Company Limited
Gower House
Croft Road
Aldershot
Hants GU11 3HR
England

Gower Publishing Company
Old Post Road
Brookfield
Vermont 05036
USA

British Library Cataloguing in Publication Data
Paradin, Claude
    Devises heroiques.
    I. Title
    760

ISBN 0–85967–771–0

Printed by The Ipswich Book Company Ltd.

General Editors' Preface

This new series of Emblem Books from Scolar Press is published to meet the developing interest in this Renaissance form, and to attempt to satisfy the needs of scholars and students, currently engaged in research, who require access to the texts in an edition as close to the original as possible. This series has been created in association with Glasgow University Library which houses one of the largest and most comprehensive collections of Emblem Books in the world and is an important centre for research into the subject. The University Library contains originals of these texts, collected by Sir William Stirling Maxwell (1818–1878) and bequeathed to the University by his son Sir John Stirling Maxwell. Clearly, with such a large collection – there are over 1700 items – selection procedure proved difficult at first but the general editors decided that the objective initially should be to provide those texts from the late sixteenth and early seventeenth centuries which would be most referred to by the students of the period, or which are too scarce to be easily consulted. Detailed enquiries led to the drawing up of an extensive short list, from which the decision on which texts to produce first was made. We would welcome comments on the selections, suggestions for further volumes, and hope that the introductions will provide the stimulus for further exploration into this fascinating field.

David Weston: Glasgow University Library
Charles Moseley: Cambridge University
Brian Last: Scolar Press

Introduction

Claude Paradin's *Devises heroïques* is one of the most influential of the French books of emblems and devices published in the mid- and later-sixteenth century. Alciati's pioneering emblem book (first published in Augsburg in 1531, and then in France in a Latin text from 1534 and in a French text from 1536) had already been followed by four French emblem books, La Perrière's *Theatre des bons engins* (1539 privilege), Corrozet's *Hecatomgraphie* (1540) and *Emblemes* (1543), and Guéroult's *Premier livre des emblemes* (1550). But Paradin's *Devises heroïques*, which first appeared in 1551, is quite unlike these, being a collection of devices rather than a collection of emblems – the earliest to be printed in this form.

The wearing of devices had been fashionable in France since the Italian Wars, going back into the late fifteenth century, as is clear from some of the devices noted by Paradin such as Louis XII's porcupine (p. 25) or François 1er's salamander (p. 16). It had become fashionable among Italian writers to produce treatises on the devices used by notable figures both from antiquity and from more recent times, examining the reasons why particular individuals should have adopted particular devices, and the aptness of their choice, as well as the significance of the device and the relationship between the motto and the figure. The most influential of these Italian treatises was the *Dialogo dell'imprese militari et amorose* (Rome, 1555) by the humanist Paolo Giovio (1483–1552), in which he discusses in the form of a

1

dialogue between himself and Lodovico Domenichi various devices used by noble figures (including those of Louis XII and François 1er). However, while Paradin's debt to Giovio is considerable for much of his material, and perhaps for the original idea of his own treatise in its primitive form, the form taken by the *Devises heroïques* in its second edition in 1557 and thereafter is quite original, owing nothing to Giovio. The various Italian editions of Giovio were not illustrated, and even when the work was produced in France in 1561 by the Lyons publisher Guillaume Roville in an illustrated French text (*Dialogue des devises d'armes et d'amours du S. Paulo Jovio. Avec un discours de M. Loys Dominique sur le mesme subjet . . . Auquel avons adjousté les devises heroiques & morales du Seigneur Gabriel Symeon* (Lyons, 1561)), the style remains true to that of the earlier Italian editions, with a continuous text into which the woodcut figures are simply slotted as appropriate. The symmetrical layout adopted in the 1557 edition of Paradin's *Devises heroïques*, with each device having a page (or more) to itself, is quite different, following rather the traditional French emblem book layout as used in the various editions of Alciati, or La Perrière's *Theatre* or Corrozet's *Hecatomgraphie*. (Jean de Tournes, the printer of the *Devises heroïques*, had been publishing editions of Alciati since 1547 and of La Perrière since 1545, as well as producing illustrated editions of other texts in emblematic form.)

The 1557 version of the *Devises heroïques* which is reproduced here is very different from the original version published by De Tournes in 1551. Originally the work comprised only a series of woodcut figures representing the various devices, each accompanied by its motto, usually in Latin, but occasionally in Greek, Italian or French. Paradin clearly considered this form to be inadequate, giving the reader too little information, and thus for the second edition he added a prose commentary identifying the owner of the device, explaining the significance of the figure, and citing, wherever applicable, the authority from whom the information was derived. This revised form was evidently successful, and the work was frequently republished right into the seventeenth century, with the last editions incorporating further commentary by one of the French theorists on the genre, François d'Amboise.

The production of emblem literature in France in the mid-sixteenth century was concentrated in the hands of a small group of printers and booksellers, of whom the two most notable in Lyons were Jean de Tournes and Guillaume Roville, both of whom produced numerous editions of Alciati as well as other illustrated texts printed in such a way as to resemble emblem books, Aesop, Ovid, and the Old and New Testaments being the most notable of these. It is by Jean de Tournes working with his partner, Guillaume Gazeau, that the earliest editions of the *Devises heroïques* were produced. Roville, however, clearly wanted to exploit this field, and within two years of the fuller second De Tournes edition of Paradin's work, Roville published an equivalent text in separate editions in French and Italian, the *Imprese heroiche et morali ritrovate da M. Gabriello Symeoni Fiorentino* (Lyons, 1559) and *Devises ou emblemes heroïques et morales inventées par le S. Gabriel Symeon* (Lyons, 1559). In layout and form this work is very similar to that of Paradin, again owing much of its content to Giovio. Essentially the only difference between Simeoni's work and Paradin's is that Simeoni's (which is markedly shorter) incorporates the mottoes into the woodcut figures, whereas Paradin's are printed separately from the figures. So similar are the two works that when Plantin took over the printing of Paradin's work in Antwerp in 1561, he simply appended Simeoni's collection to Paradin's, entitling the composite work *Les devises heroïques de M. Claude Paradin, Chanoine de Beaujeu. Du Signeur Gabriel Symeon & autres aucteurs.* Thereafter Plantin produced two more editions of the work in this form in 1562 and 1567. Being an astute businessman as well as an excellent printer, Plantin realized the potential market that a Latin version might command, and commissioned a Latin translation by Jean le Gouverneur, which he published also in 1562 (*Heroica M. Claudii Paradini Belliconensis Canonici, & D. Gabrielis Symeonis Symbola*). He was, however, unhappy about the accuracy of this edition which was published during his absence from Antwerp, and thus produced a revised Latin edition in 1567, and again in 1583. (For details of the Plantin editions see L. Voet, *The Plantin Press (1555–1589): A Bibliography of the Works Printed and Published by Christopher Plantin at Antwerp and Leiden*, 6 vols, Amsterdam, 1980–83, vol. 4, pp. 1812–19)). It is curious that when Paradin's text was translated into English by an unidentified author signing himself P.S., the translation was based not on Paradin's original French text, but on this Latin translation (*The Heroicall Devises of M. Claudius Paradin Canon of Beaujeu. Whereunto are added the Lord Gabriel Symeon's and others. Translated out of Latin into English by P. S.* (London, 1591)). The wide interest that Paradin's work generated is indicated by a further translation into Dutch (*Princelijcke Devijsen ofte wapenen van M. Claude Paradyn, Canonick van*

Beaujeu. Enden Vanden Heere Gabriel Simeon, ende meer ander Auteurs. Nu eerst wt de Francoische tale over gestelt in ons nederlandts duytsch (Antwerp, 1563). See J. Landwehr, *Emblem Books in the Low Countries, 1554–1949. A Bibliography*, Utrecht, 1970, no. 472. For other editions of Paradin see M. Praz, *Studies in Seventeenth-Century Imagery*, Rome, 1964, pp. 444–45).

As is characteristic in emblem books, the woodcuts are closely imitated from one edition to another. The original set designed for the De Tournes edition was probably the work of Bernard Salomon, although this is not certain. (See A. Cartier, *Bibliographie des éditions des De Tournes imprimeurs lyonnais*, 2 vols, Paris, 1937, vol. 1, p. 15.) This set provided the model for the unknown artist working for Plantin in Antwerp, and only minor differences of detail and the occasional reversal of an illustration show that it is not the same set of blocks but rather a close copy. Remarkably the Plantin woodblocks still survive in the Plantin-Moretus Museum in Antwerp. They present something of a mystery. Plantin had fallen foul of the authorities in 1562 over the question of whether or not he was responsible for the production from his presses of a heretical text while he had been away from Antwerp. The upshot of the complicated affair was that on 28 April 1562 virtually all his possessions were compulsorily put up for sale by law. Thus he lost his presses, his stocks of books, type, paper, copperplates and woodblocks, as well as household possessions. Only the punches and matrices were retained. The Latin and French editions of the *Devises heroïques* which were produced in the Plantin presses in 1562 must have been printed just before this sale, and Plantin must somehow have managed to buy back or borrow the Paradin woodblocks in order to publish the later editions from 1567. (See L. Voet, *The Golden Compasses. A History and Evaluation of the Printing and Publishing Activities of the Officina Plantiniana*, 2 vols, Amsterdam, 1967–72, vol. 1, pp. 33–34.) Latin and French editions published in Antwerp by the Widow Stelsius and the English edition published in London by William Kearney in 1591 also use figures imitated from those of Plantin, and even the early seventeenth century Paris editions with François d'Amboise's extra commentary use copperplate figures which imitate the earlier woodcuts.

The number of editions that Paradin's work went through over a period of seventy years shows its popularity. It is curious that such an innovatory and influential work should have been produced by such an obscure figure as Claude Paradin, anticipating the work of the much

4

better known Gabriele Simeoni by several years. And indeed Paradin's collection of 182 devices (in this 1557 edition) is much more substantial than Simeoni's which has only 37 devices, and thus lent itself easily to being appended to Paradin's collection in the Plantin editions.

Claude Paradin (not to be confused with his older brother, Guillaume, who was also a writer, and who produced indeed rather more than his younger brother) was the son of a merchant. Born in Cuiseaux (Saône-et-Loire) sometime after 1510 (the date of birth of his older brother), he died of a virulent epidemic in 1573 in Beaujeu, near Lyons, where he was a canon of the *église collégiale*, and about to become *doyen*, his older brother having resigned this post in his favour. The details of his death are movingly described in Guillaume Paradin's personal diary (*Journal de Guillaume Paradin, Doyen de Beaujeu, pendant les années 1572–1573* (Lyons, 1837)).

Claude Paradin produced only three literary works, all printed in Lyons, one of the two main printing centres in France at this period. All three were printed by Jean de Tournes, but only the *Devises heroïques* is well-known. The other two works are different from the *Devises*, but nevertheless have points in common. While the *Devises* examines the personal devices of notable men, Paradin's *Alliances genealogiques des rois et princes de Gaule* (Lyons, 1561) reproduces the heraldic shields of the kings and princes of France with a brief historical account of whom each married, and of the resultant issue. Thus, for example, while the *Devises* depicts François 1er's personal device of the salamander, the *Alliances* depicts the royal *fleur de lys*. Quite different is Paradin's *Quadrins historiques de la Bible* (Lyons, 1553), which is a version of the early part of the Old Testament arranged in emblematic form, with each episode depicted in a woodcut figure and narrated briefly in a quatrain. This is Paradin's only attempt at verse, and it must be said that his efforts are dull, contrasting with the lively woodcuts provided for the work by Bernard Salomon. Paradin's role in the production of this work seems, in fact, to have been a subordinate one. Both Roville and De Tournes published such simplified Bible story books in order to capitalize further on their woodblocks designed for their editions of the Bible, and in these the writer appears simply to be commissioned to supply the verses. In the *Quadrins*, Paradin's name appears nowhere on the title page, and he is identified only in a dedicatory *épître*; in contrast, the printer, Jean de Tournes, makes clear his own dominant role in the production of the work in his own preface. In the *Alliances,* however, the initiative does seem to have been Paradin's, and similarly the *Devises heroïques* seems to be Paradin's own inspiration, since his name features on the title page, and his dedication of the work to Théode de Marze is not offset by any preface by De Tournes.

Since it is a pioneering work, it is interesting to see what Paradin says about the purpose of the *Devises heroïques.* Emphasizing the antiquity of devices in good humanist manner, he explains that their original aim was to promote virtue, since something which is visually depicted can concretize an idea which would otherwise be ephemeral (pp. 3–4). Stressing the widespread use of such devices among the aristocracy, he hopes that bringing such devices to the attention of a wider audience may lead them also to greater virtue, again bringing in an allusion to the Egyptian hieroglyphic tradition beloved of writers of emblems and devices, but concluding on a firmly moral note, pointing to the didactic value of his work as well as its purely decorative value (pp. 5–6).

Paradin's 182 devices, covering a wide range of subject matter, were obviously intended to provide, like many contemporary French emblem books, a palatable compendium of knowledge, both informative and morally improving, and visually pleasing, preventing boredom by the fragmentary nature of the text, changing subject from device to device. It is interesting that in its initial form, without explanatory text, the work was more hermetic, posing a greater intellectual challenge to the reader. But from the second edition the emphasis changed entirely, with stress being placed upon explanation of the background to and meaning of each device. Indeed so important was its informative nature considered that in the later editions Paradin's text was further developed by François d'Amboise, and the Latin mottoes rendered into French (although the original Latin mottoes were also retained). Thus the Latin couplet which ends Paradin's commentary on François 1er's salamander is translated by François d'Amboise, and to it is added a further piece of information:

L'ours fier, l'Aigle legere, & le serpent tortu,
Salemandre ont cedé à ton feu & vertu.

Par ces trois s'entendent les victoires que ce Roy avoit euës sur les Suisses, les Germains & les Milannois.
            (*Devises heroïques et emblemes* (Paris, 1622), p. 15)

and the explanation of Marguerite de Navarre's marigold device (p. 41) is also developed:

6

Ce mot ou hemistiche est du 6. de l'Eneide, pris par la feuë Royne de Navarre Marguerite d'Orleans, Princesse tres-illustre, & docte, & vraye Marguerite des bonnes Princesses, ayeule maternelle de nostres grand Henry IIII, laquelle portoit la fleur du soucy en Devise: c'est la fleur ayant affinité avec le Soleil plus qu'autre, tant en similitude de ses raions, és fueilles, qu'à raison de la compagnie qu'elle luy fait ordinairement se tournant de toutes parts, là où il va, depuis Orient jusques en Occident, s'ouvrant aussi ou cloyant, selon sa hauteur, ou bassesse. Et avoit telle Devise la tant vertueuse Princesse en signe qu'elle dressoit toutes ses actes, pensées, volontez, & affections, au plus grand Soleil de Justice, qui est Dieu tout-puissant, contemplant les choses hautes, celestes, & spirituelles.

Apollon ce dit Ovide soupçonnant Clytie sa Maistresse de luy avoir fait faute, la quitta pour une autre, dont de jalousie elle en paslit, & fut metamorphosée en soucy se tournant vers le Soleil, dont vient le mot *Heliotropion*, & y en a plusieurs sortes.

(*Devises heroïques et emblemes* (Paris, 1622), pp. 45–46)

The collection includes devices dating from classical times (Augustus Caesar's sphinx (p. 34) or Maecenas' frog (p. 63)) or from past history (the *Ordre de l'estoile* (p. 18) or the device on the supposed tomb of Petrarch's Laura (p. 204)), as well as more recent ones (Henry VIII of England (p. 36), the Emperor Charles V (p. 29), Henri II of France (p. 20), the Cardinal de Tournon (p. 56) or the Cardinal of Ferrara (p. 57)). Not all Paradin's devices, however, are attributed to a particular bearer. Made up by Paradin, many of them have universal significance, their moral lesson not referring specifically to a bearer, but being applicable to everybody. In these, Paradin's commentary is often hardly necessary, since with no historical background or literary source to be identified the meaning is clear (provided the reader can understand that Latin motto) from the combination of figure and motto alone. Thus, in the device of the irascible bear which it is imprudent to bait still further (p. 79) the woodcut figure of the furious bear and the motto *Horrent commota moveri* are sufficient to make the point. Paradin's commentary simply expands it further. Equally universal in its application is the snake in the grass device (p. 70) demonstrating the potential corruption to be derived from books. Here, however, unlike the preceding example, Paradin spells out in his commentary the specific moral lesson he wishes to indicate. In the preceding device the woodcut represents the symbol and the motto

7

spells out the significance, but in the snake in the grass device figure and motto both make the same point, and only in the prose commentary is the significance of the symbol interpreted. Other non-specific allegorical devices are the flies failing to get a grip on a mirror (p. 71), the hedgehog spiking its food to transport it home (p. 140), or the crow dropping stones into an urn to raise the water level so that it can drink (p. 141).

The degree to which devices are open to more than one interpretation is clear in Paradin's collection. Although sometimes the significance is obvious, at other times Paradin is uncertain of the meaning intended by the wearer of the device, and thus he suggests only tentatively a possible interpretation, as in his commentary on the Dauphin's device (p. 74). He expresses similar uncertainty over the significance of the device of a crocodile attached to a palm tree found on ancient coins (p. 68). Sometimes he offers two possible interpretations, as in Maecenas' frog device reflecting perhaps his dominance over land and sea, but perhaps also symbolizing his discretion or taciturnity, a characteristic of frogs noted by Pliny (p. 63).

Some of Paradin's figures are well-known, appearing in emblem book after emblem book, and often derived from bestiary sources, as, for example, the immortal phoenix (p. 89) or the monkey hugging its youth to death (p. 226), but more commonly they are less obvious, and it is not surprising that he augmented his second edition with commentary. Whether or not the devices relate to a particular owner, the material on which they are based remains general in its application, deriving from everyday life (as in *Poco à poco* (p. 170) on the analogy between the impossibility of seeing the grass grow and the impossibility of seeing virtue grow), from history (as in *Ultorem ulciscitur ultor* (p. 65) based on an anecdote concerning Charles VI of France), or from antiquity (as in *Invitum fortuna fovet* (p. 81) based on Strabo's account of the fish swallowing a ring). Apart from relevant facts about the owner of the device, Paradin avoids any narrowly contemporary allusions. The impersonal devices are universal, and the personal devices are taken from all over the world. Thus the information and moral lessons are as relevant to an English or a Dutch reader as they would be to a French reader, and it could be for this reason that the work was so popular, being translated into so many different languages, including Latin, the *lingua franca* of the sixteenth century.

The *Devises heroïques* belongs very much to its period, catering for a taste for seeing the most disparate of phenomena as symbols with wider significance for mankind. Two comments from Guillaume Paradin's diary reveal this attitude:

Vendredy 11 juillet [1572] Ce jour le tonnerre tua cinq hommes estant soubz ung noyer vers Mascon, pourquoi se fault tenir prest et veiller, car l'on ne sçait l'heure. (p. 5)

Mardy 30 juin [1573] Le bled soille (seigle) valoit encores la mesure troys francs. Le froment se vendoit troys francs quinze sols, qui estoit chose prodigieuse et non jamais veue ni ouye, aussi la pluspart des povres gens mouroient de faim partout. C'estoit grand pitié de les voir manger des herbes comme bestes et n'est de merveille si l'on disoit *ira Dei super nos*, devise espouventable qu'on disoit avoir treuvée à Thurin gravée et tirée de terre remerquée soubz le nombre de ceste année 1573. (p. 16)

Italian palaces had long been decorated with devices, and this fashion spread to France and England in the sixteenth century. Sometimes simple, unadorned texts were inscribed or painted on the walls, as at La Possonnière, Ronsard's birthplace, or in Montaigne's study. Alternatively both figure and text, or figure alone could be incorporated into the decoration of the house in the form of plaster moulding, woodcarving, ceiling painting, tapestry or furnishings. (See M. Jourdain, *English Decoration and Furniture of the Early Renaissance* (London, 1924); *English Decorative Plasterwork of the Renaissance* (London, 1926). See also Praz, pp. 52–54, and R. Freeman, *English Emblem Books* (London, 1967), pp. 49–51.) Craftsmen executing these designs, and indeed other craftsmen such as goldsmiths or jewellers, or leisured ladies, one of whose major pastimes was embroidery, needed patterns to work from, and thus, quite apart from their informative and moralizing character, collections such as the *Devises heroïques* catered for this need also. Aware of this market, Roville, De Tournes' rival publisher in Lyons, produced in 1560 a modified version of Simeoni's collection of devices and Giovio's treatise on the subject, with the text reduced to a series of quatrains, and with greater weight accorded to the decorative aspect. Its title, *Tetrastiques faictz sur les devises du Seigneur Paulo Jovio, et de Messire Gabriel Simeon, pour servir en verrieres, chassis, galeries, & tableaux, ainsi qu'il plaira au lecteur de les accommoder*, indicates its intended role. Paradin's work also provided patterns for craftsmen. During her imprisonment Mary Queen of Scots devoted a lot of time to embroidery, much of which has not survived. But William Drummond of Hawthornden provides a detailed description of a richly embroidered emblematic bedhanging created by Mary which is now lost, but which clearly used Paradin's devices, including Henri II's crescent moons (p. 20), François 1er's salamander (p. 16), Godefroi de Boillon's arrow spiking three birds (p. 38), the Cardinal de Lorraine's pyramid surrounded by ivy (p. 72), and Henry VIII of England's portcullis (p. 36). (William Drummond of Hawthornden, *The History of Scotland from the Year 1420 until the Year 1542* (London, 1655), pp. 263–65.) Other extant examples of Mary Queen of Scots' embroidery based on the *Devises heroïques* include the marigold (p. 41), and the ingenious crow (p. 141) was used by her companion, Bess of Hardwick, as a model. (See Margaret Swain, *The Needlework of Mary Queen of Scots* (New York, 1973), pp. 118 and 64.)

Emblem books came to England much later than France. The earliest is Geffrey Whitney's *Choice of Emblemes* published in 1586 at the Plantin Press in Leiden by Christopher Plantin's son-in-law, Frans Raphelengien, a work which Whitney describes as 'for the moste parte gathered out of sundrie writers, Englished and Moralized'. The *Choice of Emblemes* does indeed borrow heavily from earlier writers of emblems and devices, Alciati, Junius, Sambucus, and of course Paradin, and for its illustrations it simply uses woodblocks already created for the Plantin editions of the earlier works. Whitney possessed a copy of the 1562 Plantin edition of the *Devises heroïques*, and his debt to Paradin is significant. (See J. Horden, introduction to *A Choice of Emblemes*, Scolar Press, 1969, p. [iv].) Some thirty of Whitney's emblems are derived from Paradin's *Devises heroïques*, although Whitney does not necessarily follow faithfully the model of Paradin. Whitney's text is in verse, unlike Paradin's prose, and while he normally used Paradin's motto to accompany the figure, he occasionally shows originality. Thus the device of the leaking barrel of the daughters of Danaus entitled *Hac illac perfluo* by Paradin (p. 146) is renamed more succinctly by Whitney *Frustra* (p. 12), and similarly the device of Saladin's shirt entitled *Restat ex victore Orientis* by Paradin (p. 53) becomes *Mortui divitiae* in Whitney (p. 86).

Whitney's work in turn became immensely influential in England, providing a model for other works, and iconographic inspiration for other craftsmen working in various fields. But behind Whitney, it must be remembered, is the earlier work of Paradin. Less prolific in his literary output than many other writers of emblems and devices,

Paradin is nevertheless an important figure. His *Devises heroïques*, the first collection of its kind, gives him the status of a pioneering and influential author.

Alison Saunders
University of Aberdeen

Reproduced (original size) by permission of the Librarian of Glasgow University Library from the copy in the Stirling-Maxwell Collection.

Note on type-page measurement of original (SM 816]
C4 ʳ, p. 39: 126.5 mm (137.5 with headline and direction line) ×
81.5 mm (98.5 mm with marginal note).

Appendix

French titles to Paradin's *Devises heroïques* supplied by François d'Amboise for the edition printed in Paris in 1622 by Rollet and Boutonne.

Nullis praesentior aether: A nuls autres le ciel n'est si favorable
Manet insontem gravis exitus: Triste fin à l'innocent
Secum feret omina mortis: Augure de la mort
Hîc ratio tentandi aditus: Pour chercher passages
Pignora cara sui: Chers gages
Animis illabere nostris: Descen dans nos ames
Fortuna fidem mutata novavit: Fortune changee renouvelle la Foy
Nutrisco & extinguo: Je nourry & étein
Monstrant Regibus astra viam: Les Astres guident les Roys
Donec totum impleat orbem: Jusques à ce que tout le monde soit remply
Immensi tremor Oceani: La terreur de l'Ocean
Ultus avos Troiae: Ayant vengé nos ancestres de Troye
Non sine causa: Non sans cause
Imperium sine fine dedi: Empire sans fin
Inextricabilis error: Erreur qui ne se peut desvelopper
Securitas altera: Asseurance seconde
Dederitne viam casus've Deus've: Soit Dieu, soit hazard
Fortitudo eius Rhodum tenuit: Sa vaillance a tenu Rhodes
Non inferiora sequutus: Ne suivant les choses basses
Ante ferit, quam flamma micet: Il fiert avant que la flamme reluyse
Precium non vile laborum: Cher prix des labeurs
Flammescit uterque: L'un & l'autre flamboye
Zara à chi tocca: A qui touche le jeu de dez

12

Nil penna, sed usus: Non la plume, mais l'usage

Humentia siccis: L'humide contre le sec

Sola vivit in illo: Seule vit en lui

Restat ex victore Orientis: Reste du vainqueur du Levant

Autor ego audendi: Je suis autheur, & te donne courage

Non quae super terram: Non ce qui vient de terre

Ab insomni non custodita Dracone: Mal gardées par le Dragon qui ne dort point

Non quàm diu, sed quàm benè: Non combien longuement, mais que bien

Quà proceres abiere pii: Par où les rivieres en decours sont allez

Hoc altio restare canunt: Seul reste au pays Latin

Arbitrii mihi iura mei: J'ay droit de faire à mon vueil

Mihi terra, lacusque: A moy la terre & l'eau

ΦΩ΄Σ ΦΕ΄ΡΟΙ Η΄ΔΕ ΓΑΛΗ΄ΝΗΝ: Clair & serain

Ultorem ulciscitur ultor: Le vengeur venge le vengeur

Colligavit nemo: Nul ne l'avoit lié

Latet anguis in herba: Le serpent se cache sous l'herbe

Labuntur nitidis scabrisque tenaciùs haerent: Ne se peuvent attacher à ce qu'est poly

Te stante virebo: Toy debout, je raverdiray

Inter eclipses exorior: Ma naissance entre les Eclipses

Fiducia concors: Fidelité concorde

Scilicet is superis labor est: Les cieux en ont-ils du soucy

Horrent commota moveri: Ne courroucez ce qu'est irrité

Si sciens fallo: Si à mon escient je trompe

Invitum fortuna fovet: Bon gré, malgré, fortune favorise

Ecquis emat tanti sese demittere: Qui voudroit l'acheter si cher?

Comminus quò minus: De plus pres pour moins fuyr

Transfundit pasta venenum: Un mauvais repas envenime

Prostibuli elegantia: Telle est la beauté des putains

Celsa potestatis species: Espece de souveraine puissance

Ardua deturbans, vis animosa quatit: Courage vient à bout des choses faciles

Vias tuas Domine demonstra mihi: Monstre moy tes voyes Seigneur

Unica semper avis: Seule en son espece

Α΄ΠΛΑΝΩ΄Σ: Sans fraude

Fate viam invenient: Les destins ou trouveront l'issue

Quid non mortalia pectora cogis?: A quoy ne force tu les poitrines mortelles

In sibilo aurae tenuis: Au sifflement d'un doux vent

Finem transcendit habendi: Son appetit n'a point de borne

Heu cadit in quenquam tantum scelus: Se peut il trouver en quelqu'un un si grand crime

Pressa est insignis gloria facti: Du fait insigne, en est la gloire esteinte

Cedo nulli: Je ne cède à nul

En altera quae vehat Argo: Une autre Argo pour nous porter en mer

Insperatum auxilium: Inesperé secours

Tutum te littore sistam: Je te rendray seur au rivage

Quò tendis: Où vas-tu?

Putrescet Iugum: Le joug pourrira

Nec fas est, nec posse reor: Il n'est licite, & ne le peut. Pris de Clodian

Semine ab aetherio: De celeste semence

Ventura desuper urbi: Qui doit venir sur la cité

In utrunque paratus: Prompt à l'un, prest à l'autre

Vindice fato: Le destin vengeur

Nil solidum: Rien de solide

Utrum libet: Lequel qu'il vous plaira

Agere & pati fortia: Faire & souffrir choses dificiles

Lex exlex: Loy sans loy

Tutus ab igne sacer: Sacré exempt du feu

Parce Imperator: Pardonne grand Capitaine

Evertit & aequat: Abat, & aplanit

Ulterius tentare vero: Ne passez outre

Satis: Assez

Vis est ardentior intus: L'ardeur est plus grande au dedans

Premitur, non opprimitur: Verité est pressée, non oppressée

Magnum vectigal: Espargne grand revenu

Vindictae trahit exitium: Vengeance attire perte extreme

Aequari pavet alta minor: Soient les grands egalez aux moindres

Ecquis discernit utrunque?: Qui separera l'un de l'autre

Hac illac perfluo: Je coule çà & là

Virtutis Fortuna comes: Fortune accompagne vertu

Prohibete nefas: N'est permis l'empescher

Tu decus omne tuis: Tu es l'honneur des tiens

Usque recurrit: Tousjours retourne

Quocunque ferar: Quelque part que je tombe

Spe illectat inani: Allaitté de vaine esperance
Ulterius ne tende odiis: Ne passe outre par ta haine
Haec conscia numinis aetas: Cest aage sert sa divinité
Haud sidit inane: Le vuyde ne va pas au fond
Infringit solido: Se brisera contre le solide
Fata obstant: Les destins l'empeschent
Terit & teritur: S'use en usant autruy
Sic praedae patet esca sui: La viande met en proye
Candor illaesus: Blancheur non souillée
Prosper uterque mari: L'un & l'autre d'heureux Augure en mer
Sic spectanda fides: Ainsi se doit esprouver la foy
Sic violenta: Ainsi les violentes
Terror & error: Terreur & erreur
Poco à poco: Peu à peu
Aemula naturae: Contre-faisant nature
Attendite vobis: Pensez à vous
Vivit ad extremum: A vie jusques au bout
Superstitio religioni proxima: Superstition proche de religion
Fons invocantis: Fontaine de celui qui invoque
Consultori pessimum; Tres-meschant au Conseiller
Lux publica Principis ignes: La lumiere au public ce sont les feux du
    Prince
In se contexta recurrit: Tissue retourne en soy
Phitone perempto: Pithon occis
Coelo imperium Iovis extulit ales: L'Oiseau de Jupiter porte
    l'Empire au Ciel
Infestis tutamen aquis: Defense contre les flots dangereux
Antidoti salubris amaror: Amertume d'un remede salutaire
Cessit victoria victis: Les vaincus ont eu victoire
Flavescent: Blondiront
Ut lapsu graviore ruant: Afin qu'ils prennent plus grand saut
Victrix casta fides: Chaste foy vaine
Ipsa suae testis victoria cladis: La victoire tesmoigne la déroute
Malo undique clades: Affliction de toutes parts
Improbitas subigit rectum: Le mal force le bien
Pacis & armorum vigiles: Veilles en paix & en guerre
De parvis grandis acervus erit: De peu viendra grand tas
Nodos virtute resolvo: Je denoülle par vertu
Turpibus exitium: Malencontre aux puans
Unius compendium, alterius stipendium: Nul n'y perd qu'autre n'y
    gaigne

Consilo firmata Dei: Assisté du conseil de Dieu
Etiam Fortunam: Mesme la Fortune
Sic sopor irrepat: Ainsi puissions nous souriller
Caecus amor prolis: Aveugle amour de son vengeance
Supplicio laus tua semel: Le loüange est mise en lieu seur
Omnis caro foenum: Toute chair est foin
Tolle voluptatum stimulos: Ostez les équilles de salles voluptez
Rerum Sapientia custos: Sagesse gardienne
Discite iusticiam moniti: Apprenez Justice
Concussus surgo: Battu je bondy
Hac virtutis iter: Icy le chemin de vertu
Hoc Caesar me donavit: Cesar me l'a donnée
Victo seculo: Siecle vaincu
Terriculum noxae: Espouvantail à faute
Hic terminus haeret: Icy est la fin
Mihi pondera luxus: Le trop m'accable
Nil amplius optat: Rien plus
Num flatus telluris honor: Est-ce un vent l'honneur de terre
Merces sublimis honorum: Recompense plus haute d'honneurs
Servati gratia civis: Pour un citoyen sauvé
Excidii turribus honos: Honneur pour creneaux abatus
Hoc valli insigne recepti: Marque d'avoir faussé le cap ennemy
In hunc intuens: Jette icy la veüe
Victoria limes: Victoire derniere

NOTE: This last list omits those devices to which Paradin gave a French title in the first place, and also fourteen devices for which François d'Amboise did not provide a French title.

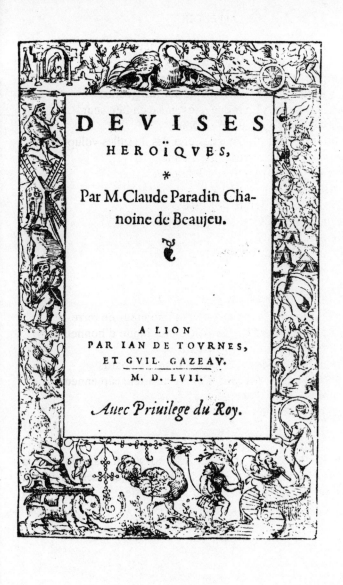

DEVISES
HEROÏQVES,

*

Par M. Claude Paradin Chanoine de Beaujeu.

A LION
PAR IAN DE TOVRNES,
ET GVIL. GAZEAV.
M. D. LVII.

Auec Priuilege du Roy.

A tresnoble Signeur, Monsieur
THEODE DE MARZE,
Cheualier, Baron & Signeur dudit lieu, de Belle roche, Lassenaz, &c. Claude Paradin, Salut.

 V T R E le grand plaisir & recreacion, que la diuersité de Peinture donne à l'homme, le souuerein bien qu'il en peut receuoir n'est pas de petit estime: attendu mesmes, q̃ par le moyen d'icelle, se peuuent beaucoup plus facilement supporter les tresgrieues & quasi intollerables passiõs tant du corps que de l'esprit. Ce que les Nobles Antiques n'ont jamais eu en mespris : & principalement les grans Rois, Princes, & Potentaz: lesquelz ayans de tout tems, en leurs sublimes esprits, les Ombres ou Idees de Vertu : ont tant fait s'aydans de cette Peinture, que ja soit que

a 2　　icelles

icelles Idees fuſſent paſſageres , & merueilleuſe-
ment mobiles : ce neanmoins les y ont ſi bien
retenues & arreſtees , que perpetuellement en
ont eu l'heureuſe amour & connoiſſance. Le
moyen d'y entendre fut , que chacun d'eux ſelon la particuliere affeccion qu'il auoit en ſon
Idee , vint à figurer certeine choſe , que icelle
Idee repreſentoit, quoy que ce fut par ſa forme,
nature, complexion, ou autrement. Telles figures ainſi inuentees , ils apellarent leurs Deuiſes,
combien que le commun par ignorance , les
apelle tousjours Armoiries, juſques aujourdhui:
pour autant qu'ils les peingnoient en leurs Armes : aſauoir en leurs Eſcuz, Targes, Pauois, &
Boucliers. Prenans plaiſir à en decorer la choſe,
en laquelle eſtoit poſee leur totale eſperance
& dernier refuge : & ou auſsi eſtans en guerre,
auec apprehenſion de mort, deſiroient porter
telles Deuiſes deuant leurs yeus, comme ſe pro-
mettans viure & mourir , en l'obget du moniment, & vraye memoire de Vertu. Ainſi donq,
tant louable choſe prenant trait , de peu à peu,
y ont eſté ajoutez aucuns mots à propos , ſer-
uans à l'intelligence pour gens lettrez , qui enſemble les Deuiſes ſe ſont continuez par nobles
perſonnages , juſques au tems preſent , auquel
euidem

euidemment se peut voir, tant par les superbes
& somptueus edifices, que par les Cours ma-
nifiques des Rois & grans Princes, qui de telles Deuises sont toutes enrichies, & marque-
tees, que cette seruente amour & memoire de
Vertu, n'y est en rien diminuee : mais bien aug-
mentee, d'autant plus que les actes & indice d'i-
celle, y sont montrez tous apparens. Considerant donq ces choses, comme emerueillé de
l'effet de cette Peinture : ay employé quelque
peu de tems, à mettre un petit nombre desdites
Deuises par memoire : à sauoir d'aucunes jadis
portees par les Antiques, autres par les souue-
reins Princes, Prelats, & grans Signeurs moder-
nes, & le reste tiré en partie des histoires & ge-
stes memorables tant des uns que des autres.
Desquelles comme l'Egipcien s'aydoit à expri-
mer son intencion, par ses lettres Hieroglifiques : quasi par mesme moyen, se pourra ayder
le vulgaire à connoitre & aymer la Vertu, joint
que dauantage y pourra voir certeines petites
Scholies sus icelles : selon la capacité de leur
conjecture. Et pour autant (Monsieur) que votre trefnoble Signeurie, & excellent Esprit en
bon sauoir (suiuant le naturel de voz anceftres)
tousjours se recree, & prend plaisir à toutes &

a 3   chacun

chacunes chofes, ou Vertu fe peut contempler:
me fuis ingeré, vous prefenter ce petit paquet
de Tapifferie d'icelles Deuifes: qui fera gage de
l'affeccion & bonne volonté, que j'ay de vous
faire feruice, efperant que n'y aurez moin
dre plaifir, qu'auez de defir, que la
Vertu foit reucree, & exal-
tee. A Beaujeu ce quin-
zieme Ianuier
1556.

Nullis præsentior æther.

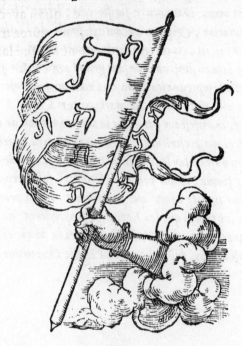

La lettre Hebraïque Thaü, est un saint & salu-   S. Ierome.
tifere sine, & de Croix, selon saint Ierome sur saint   Ezechiel 9.
Marc. De tel sine iadis Ezechiel en esprit profetique
vid merquer par l'Ange les fideles au front, reconnuz

               a   4   *tristes*

tristes en leurs cœurs des abhominacions commises en
Ierusalem , au moyen dequoy furent sauuez entre les
mauuais : lesquelz par sentence diuine furent soudeinement occis. Dauantage sinifie cette lettre Thau Consommacion , & pour autant est finale de l'Alphabet
des Ebrieus , cloant & consommant icelui. Chose qui
n'est iamais ainsi auenue sans grand mistere, vù que notre Redempteur estant mis en Croix, vint à proferer ces
derniers mots auant la mort, CONSVMMATVM
EST, manifestant par iceus la consommacion de toutes
profecies & escritures , estre auenue à celle heure esleué qu'il estoit sur le sine de cette lettre. Laquelle quant
à sa forme , estant peinte en lettre versale , represente
mieus sine de Croix que autrement , & la peingnent
tant les Grecs que les Latins, en propre forme de Croix
iusques auiourdhui. Telle est donques la vraye enseigne
ou estandart, des militans en l'Eglise Chretienne.

Manet insontem grauis exitus.

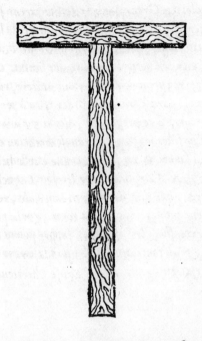

Orus Apollo dit, que les Egipciens entre leurs lettres Orus Apoll
Hieroglifiques, pour sinifier la vie future, peingnoient
ce sine de deux lignes, à sauoir l'une perpendiculaire,
fors l'autre diametrale : & de telle chose ne sauoient
rendre autre raison, fors que c'estoit une certeine sini-
ficacion de diuin mistere. Tant y ha que tel caractere,

a 5   *estoit*

estoit figuré aussi en la poitrine de leur Dieu Serapis, au
sacraire duquel quand l'Empereur Theodose fit raser

Suidas.
les temples des Grecs, Suidas escrit qu'il y auoit des let-
Isidore.
tres Hieroglifiques, qui portoient forme de Croix. Isidore recite aussi, que les Antiques pour remerquer en
leurs escrits, ou noter le nombre des sauuez ou des occis en guerre : peingnoiẽt les mots à telle lettre Θ (com
me ayant le dard à trauers) & les eschapez à cette cy
Asconius Pe-
dianus.
T. Et encores à ce propos dit Asconius Pedianus, que
iadis au sort des ingemens il y auoit des merques de trois
lettres, à sauoir Θ en sine de condannacion, T d'abso-
lucion, & Λ d'ampliacion. Or est donques ce sine de T
Exode 17.
salutifere, ainsi que demontroit aussi Moise, priant
& estendant les bras sur la montaigne, pendant laquelle extension, les Israëlites suppeditoient leurs ennemis, & au contraire les abaissant estoient repoussez
des auersaires.

Secum feret omina mortis.

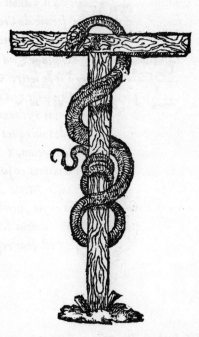

Le serpent de bronze esleué es deserts par Moïse, Nomb. 21.
(duquel le sine guerissoit les spectateurs, estans en dan
ger de mort par morsures de serpens enflammez,)
prefiguroit auec la Croix de Iesuchrist, aussi notre salut & redempcion.

Hîc ratio tentandi aditus.

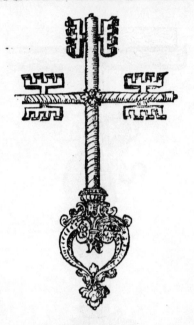

Efaye.   *La Clef* de laquelle *Efaye efcrit en cette forte.* Et
dabo Clauem domus Dauid fuper humerum
eius, & aperiet, & non erit qui claudat, & clau-
det, & non erit qui aperiat. *Deſigne auſſi la Croix
de Ieſuchriſt.*

Pignora cara sui.

De la *Croix du Sauueur du monde*, *& mistere du* *saint Sacrement de l'autel ha* profetizé **Ieremie parlant** Ieremie 11. *en voix inique des Iuifs*, *disant* : Mittamus lignum in Panem eius.

Animis illabere noſtris.

Le mauuais Eſprit de ſa nature flate & aplaudit d'arriuee, puis contriſte, eſpouuente, & rend les humeins eſtonnez: mais au contraire le ſaint Eſprit dous & benin, les eſpouuente à ſa venue, & apres les aſſure, reſiouit, & laiſſe tous conſolez, ainſi que furent les ſaints Apotres au iour de Pentecote, qu'il deſcendit ſus eus en forme de langues de feu.

Actes 2.

Fortuna fidem mutata nouauit.

Sur le point que *Childeric quatrieme Roy de France,* fut contreint d'abãdonner son Royaume, par son infame lubricité : *Guimeus* sien fidele ami lui conseillant de se sauuer en *Thuringe* pendãt qu'il feroit deuoir de moyenner son apointement brisa une piece d'or en deus, & lui en donna la moitié , à fin que par la conference d'icelle auec l'autre (laquelle venant l'ocasion il lui promettoit d'enuoyer) il fut certein de retourner en assurance & de tout parfait apointement. Chose qui auint depuis, car tant pratiqua ledit *Guimeus*, qu'un *Gillon* citoyen *Rommein* se portant alors Roy des *François*, fut finablement dechassé, & *Childeric* remis en son siege.

Paul. Emil.

Nutrisco & extinguo.

La Salemandre auec des flammes de feu, estoit la
Deuise du feu noble & manifique Roy François, &
aussi au parauant de Charles Conte d'Angoulesme son
pere. Pline. *Pline dit que telle beste par sa froidure esteint le*
feu comme glace, autres disent qu'elle peut viure en
icelui: & la commune voix qu'elle s'en paist. Tant y
ha qu'il me souuient auoir vù une Medaille en bronze
dudit feu Roy, peint en ieune adolescent, au revers de
laquelle estoit cette Deuise de la Salemādre enfl... ...
auec ce mot Italien: Nudrisco il buono, & spen-
go il reo. Et dauantage outre tant de lieus & Pa-
lais

lais Royaus, ou pour le iourdhui elle est enleuee, ie l'ay
vuë aussi en riche tapisserie à Fonteinebleau, acompa-
gnee de tel Distique:

Vrsus atrox, Aquilæq; leues, & tortilis Anguis:
    Cesserunt flammæ iam Salamandra tuæ.

b

Monſtrant Regibus aſtra viam.

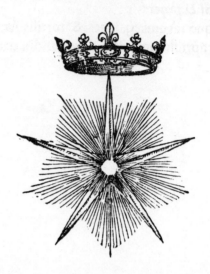

Froiſſart. *La confraternité de l'Ordre de l'Eſtoile, en la noble
maiſon de ſaint Ouen lez Paris fut publiee & celebree
par le Roy Ian de France lan 1351. Et portoit un chacun des Cheualiers dudit Ordre une Eſtoile au chape-
ron, & auſſi au lieu plus aparent du manteau. Telle ce-
lebrité d'Eſtoile pouuoit eſtre poſſible en commemora-
cion de celle celeſte, qui guida les Rois d'Orient iuſques
au lieu de la naiſſance du fils de Dieu notre Sauueur, de
laquelle*

laquelle pourroit auoir escrit Virgile (ce neanmoins l'a-
tribuant à la natiuité du fils de Polio) disant:

Ecce Dionei processit Cæsaris astrum: Virgil.
Astrum, quo segetes gauderent frugibus: & quo
Duceret apricis in collibus vua colorem.

b 2

Donec totum impleat orbem.

La Deuiſe à preſent du Treſchretien & victorieus
Roy Henri II. de ce nom, eſt la Lune en ſon croiſſant:
Es ſacrees eſcritures donques la Lune preſigure l'Egliſe, quaſi en tous paſſages, à quoy ſe conforme l'hiſtoire
Paul Emil. recitee par Paul Emil du Pape Calixte II. (au parauant apellé Guy, fils de Guillaume Conte de Bourgongne,) lequel la nuit precedent ſa creacion, eut viſion
d'un ieune enfant qui lui aporta & mit une Lune ſur
le giron. La Lune auſſi eſt ſugette à mutacions, croiſſant
& decroiſſant de tems en tems: ainſi veritablement eſt
l'Egliſe

l'Eglise militante, laquelle ne peut demourer long tems
en un estat, que meintenant ne soit soutenue & defen-
due des Princes catholiques, & tantot persecutee des
tirans & heretiques : au moyen dequoy est en perpetuel combat, auquel neanmoins la Royale Magesté, ou
Roy premier fils de l'Eglise promet de tenir main de
proteccion, iusques à ce que reduite sous un Dieu, un
Roy, & une Loy, aparoisse la plenitude & rotondité
de sa bergerie, regie par le seul Pasteur.

Immenſi tremor Oceani.

Louïs x i. *de ce nom, Roy de France, inſtitua l'Or-*
dre ſaint Michel, lan 1469. *auquel il ordonna pour*
enſeigne & Deuiſe, à ſauoir un Colier d'or, fait à Co-
quilles lacees l'une à l'autre d'un double lacs, aſſizes ſur
Cheinettes, ou maille d'or, au milieu duquel ſus un Roc
auroit une image d'or de ſaint Michel, reuenant ſur le
deuant. Et ce fit il (quant à l'Archange) en imitacion
du Roy Charles vii. *ſon pere: qui en portoit deſia l'i-*
mage

mage en son enseigne, mesmes en son entree de Rouen.
A raison toutefois (comme lon dit) de l'aparicion saint
Michel sur le pont d'Orleans defendant la vile contre Es faits de l
Pucelle.
les Anglois en un furieus assaut. Ce Colier donq de l'Ordre Royal, & Denise des Cheualiers d'icelui, est le sine
& vraye enseigne de leur noblesse, vertu, concorde, fidelité, & amitié. Gage, loyer, & remuneracion de leur
vaillance, & prouesse. Par la richesse & purité de l'or
duquel, est remerquee leur hautesse & grandeur, par
la similitude ou semblance de ses Coquilles, leur equali-
té, ou egale fraternité d'Ordre, (en ensuiuant les Sena- Marc Aure
teurs Rommeins, qui portoient aussi des Coquilles es bras
pour enseigne, ou Deuise,) par la double laçure d'icelles
ensemble, leur inuincible & indissoluble union, & par
l'image saint Michel, victoire du plus dangereus ennemi. Deuise donques instituee au soulas, proteccion, &
assurance de ce tant noble Royaume : & au contraire,
à la terreur, espouuantement & confusion des ennemis
d'icelui. Et pour laquelle Deuise porter, fut arresté par
le Roy instituteur, que le nombre dudit Ordre seroit
acompli de trentesix Cheualiers : desquelz il seroit le
Chef. Dont il en nomma quinze sur l'heure, cy dessous
pour la memoire mencionnez, à cause d'auoir esté les
premiers.   Premierement,
Le Duc Charles de Guienne.
Le Duc Ian de Bourbonnois & d'Auuergne.
                    b 4   Louïs

Louïs de Luxembourg, Comte de saint Paul, Connesta-
ble de France.

André de Laual, Signeur de Loheac, Mareschal de
France.

Ian Conte de Sanserre, Signeur de Bueil.

Louïs de Beaumont, Signeur de la Forest & du Plessis.

Louïs Destouteuile, Signeur de Torcy.

Louïs de Laual, Signeur de Chatillon.

Louis batard de Bourbon, Conte de Rossillon, Amiral
de France.

Antoine de Chabannes, Conte de Dammartin, Grand
maitre d'hostel de France.

Ian batard d'Armignac, Conte de Cominges, Mareschal
de France, gouuerneur du Dauphiné.

George de la Trimoille, Signeur de Craon.

Gilbert de Chabannes, Signeur de Curton, Seneschal
de Guienne.

Charles Signeur de Crussol, Seneschal de Poitou.

Tannegui du Chastel, gouuerneur des païs de Rossillon,
& de Sardaine.

Vltus auos Troiæ.

Louïs XII. de ce nom, Roy de France, comme Duc
hereditaire d'Orleans, & par consequēt Conte de Blois,
auoit pour Deuise le Porc Espic : beste de laquelle la
vile de Blois susdite fait d'anciēneté, ensemble du Loup,
ses armoiries : ainsi que i'ay vù sur le lieu, en plusieurs
pierres & portaus. C'est une beste donques que ce
Porc Espic, si bien armee de nature, qu'elle se defend Pline.
de ceus qui l'irritent, & sur tout des Chiens : en leur
gettant contre ses aguillons, ou pointes : aussi vite que
si c'estoient des flesches. Et pour plus amplement decla-

b 5   rer

rer la *finification de cette Deuife*, il *y ha* en la *fufdite
vile de Blois une bonne maifon*, *au deuant de laquelle
fous un Porc Efpic enleué en pierre*, *eft aufsi graué tel
Diftique*:

Spicula funt humili pax hæc, fed bella fuperbo:
Et falus ex noftro vulnere, nexq̃ venit.

Non sine causa.

En toute aministracion & gouuernement de Peu-
ples, païs, terres, & citez, il est necessaire sur toute
chose que Iustice y regne: autrement n'y estant amini-
stree, & ne regnant icelle entre les hommes, c'est un
point assuré, qu'il est force, que toute humeine societé
vienne à perir & prendre fin. A cette cause donques,

la

la superiorité & puissance, & generalement tout Magistrat, tenant la Main, & Glaiue de Iustice en Main
Royale , doit estre d'un chacun obeï & honnoré : comme estant enuoyé de Dieu, & par lui establi ainsi, pour
estre apui , proteccion , & defense des bons : & aussi
terreur, creinte & punicion des meschans & peruers.
Et ce suiuant le conseil de l'Apotre , disant : Ne voulons nous donq point creindre ou auoir peur de la Iustice & puissance? Il ne nous faut que bien faire: & ainsi
en lieu de creinte , nous receurons louenge d'icelle , car
elle est seruante de Dieu pour notre bien. Mais aussi si
nous faisons mal, creingnons la : Car elle ne porte pas
Glaiue sans cause: en tant qu'elle est seruāte de Dieu,
pour faire Iustice en ire ou vengeance , de celui qui fait
mal. Et pourtant, il faut estre suget : non point seulement
pour l'ire, mais aussi pour la conscience. Pour cette cause
aussi payez vous les tributs : car ils sont les ministres
de Dieu , s'employans à cela , (à sauoir les Princes &
Magistrat). Rendez donq à tous ce qui leur est dû : à
qui tribut, le tribut : à qui peage, le peage : à qui creinte, la creinte : à qui honneur, l'honneur.

AusRom. 13.

Plus outre.

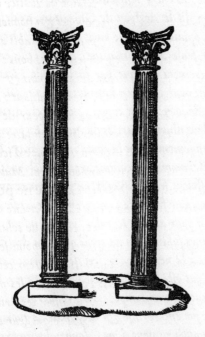

Charles v. de ce nom, Empereur de l'Empire Rommein, auiourdhui fait sa Deuise de deus Colonnes, que
l'antiquité ha nommé, les deus Colonnes d'Hercules. Qui
sont deus eminentes montaignes, ou promontoires, di-
stantes l'une de l'autre d'enuiron sept cens pas. L'une en
Mauritanie, du coté d'Afrique, nommee Abila, l'autre

au

au Royaume de Grenade de la part d'Espagne , nommee Calpé. Et entre lesquelles est une embouchure de
mer qu'on dit le destroit de Gibraltar , ou destroit de
Seuille. L'opinion Poëtique tient qu'en ce destroit , iadis
estoit une seule Roche massiue , cloant celle entree de
mer entierement & que par la force de Hercules ce
passage fut ouuert : pour y introduire la mer Oceane. En
memoire dequoy furent erigees par lui ces deus Colonnes : en deus diuerses parties du monde. Et pour autant
que anciennement estoit la coutume des grans Princes,
d'eriger des monimens comme arcs,& Colonnes es lieus
ou ils finissoient leurs voyages, ou peregrinacions (comme lon lit auoir fait Alexandre en plusieurs lieus d'A-
sie) : aussi pour auoir Hercules voyagé iusques au lieu
des Colonnes susdites on ha opiné qu'il ayt dressé icelles.
Lesquelles à la verité , on ne scet si elles sont naturelles,
ou si elles ont esté leuees artificiellement.Tant y ha qu'il
conste y auoir eu un temple , auquel sacrifia Hannibal,
estant sur son entreprinse & dessein de la guerre d'Italie , là ou aussi estoient deus Colonnes de bronze , de la
hauteur chacune de huit coudees : montrans l'excellence
de l'edifice , & estoit ce lieu (selon l'auis de plusieurs)
la fin du monde. Outre lequel lieu il n'est memoire que
aucun ayt nauigé , iusques au regne de Charles Empereur moderne : que ses sugets d'Espagne ont descouuert
plusieurs isles & terres habitables, pareillemēt les Por-
                                                    tugalois

tugalois, qui ont fait de grandes conquestes, tant en Le-
uant qu'en Ponant. Pour lesquelles prouesses & dilata-
cion de limites temoigner, ledit Signeur Empereur por-
te en sa Deuise les susdites Colonnes : auec espoir (com-
me il dit) de pousser auant , & conquester encores
Plus outre.

Imperium sine fine dedi.

Suetone.

Auguste Cesar premier des humeins monarque de tout le monde, & paisible Empereur, nasquit sous le sine de Capricorne. A raison dequoy l'eut en telle estimacion depuis, qu'il fit batre de la monnoye en laquelle il estoit formé, tant il se confioit que ce sine de Capricorne lui auoit presagé son bon heur & felicité. De la mon noye susdite se trouue encores à present, tant d'or, que d'argent, en laquelle est imprimé le Capricorne, tenant es piez un monde ou boule ronde, & ayant à dos la Corne d'abondance, ou d'Amalthee qui est celle d'or. Et quant

quant à celle d'argent il y ha d'auantage un gouuernal ou auiron, tenant à la figure sphérique du monde
susdit. Et font inscrites & l'une & l'autre espece,
Avgvstvs.

Inextricabilis error.

Le monstre Sphinx, representant chose difficile, &
de profonde intelligence fut la Deuise du susdit Auguste Cesar, au commencement de son Empire. Comme
voulant sinifier par icelui, ne deuoir le secret, dessein, &
intencion d'un Prince estre diuulgué aucunemēt : considerant qu'il n'y ha pas les choses hautes, ores les saintes
& diuines, qui ne perdent leur autorité quand elles
sont par trop familieres & corractees entre la Populas-
se. Cause iadis qui mouuoit les Egipciens d'affiger ce
Sphinx deuant leurs temples. Deux de ces monstres
Sphinx (comme dit Pline) auoit trouué au parauant ledit Auguste, entre les anneaus de sa mere, lesquelz se
ressembl

Celius.

Pline.

ressembloient si viuement, qu'on ne les pouuoit discerner. De l'un desquelz ses amis pendant les guerres ciuiles scelloiết les edits, lettres, & despesches en son absence : selon que la disposicion du tems le requeroit. Ce que confirme Dion escriuant que icelui Auguste estant *Dion.* en Attie, Agrippa & Mecenas aministroient les afaires à Romme : lesquelz auoient puissance d'ouurir & voir les lettres qu'il enuoyoit au Senat auant tous autres. Et pour cette cause receurent un cachet de lui, pour cacheter, auquel estoit graué un Sphinx. Deuise *Pline.* toutefois (comme d'auantage dit Pline) qui ne fut sans moquerie & irrision, par les Enigmes que ce Sphinx aportoit : vû que telle chose donna ocasion au brocard, par lequel on disoit qu'il n'estoit pas de merueilles si le Sphinx proposoit des Enigmes. A'raison dequoy Auguste (pour euiter telles moqueries, cessa de plus en signer, & signa un tems de l'image d'Alexandre le Grand, *Suetone.* puis finablement de la sienne mesmes. De laquelle signarent aussi apres comme lui, Tibere, Caligule, Claude Cesar, Domician, & autres ses successeurs en l'Empire.

Securitas altera.

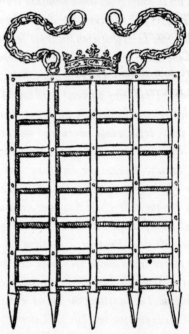

Le Roy Henri d'Angleterre VIII. *de ce nom, auoit pour Deuise la Grille, ou Porte coulisse, que lon pend coutumieremēt derriere les portaus des Viles & forteresses. Iadis à Romme y auoit desia telle maniere de Portes coulisses, mencionnees par Appian, au moyen desquelles Sylla, du tems des guerres ciuiles, assura la cité, & se*

Appian.

et se fit maitre d'icelle, en subiugant la faction Car-
bonienne, qui se cuidant getter dedens par la porte Col-
line, fut repoussee par la chute des Portes coulisses, q̃ les
Syllains lascherent: lesquelles assommerent plusieurs Car-
boniens, et mesmes aucuns Senateurs. Ce fut donq un
prompt recours en tel inconuenient: et de telle prom-
ptitude de recours, tous Princes se doiuent bien auiser.

Dederit'ne viam casus'ue Deus'ue.

*Le moniment & enseigne de la Vertu, noblesse, &
antiquité de la maison de Lorreine , sont les trois Alerions qui se trouuerent en la flesche de Godefroy de
Buillon,au siege de Hierusalem: laquelle le noble Prince
auoit tiré contre la Tour de Dauid. Presage (selon l'histoire) de sa future grandeur & autorité, & creacion
en Roy dudit Hierusalem. Et pour d'icelui estre descen-
due la susdite maison de Lorreine icelle continue de por
ter l'image desdis trois Alerions en sa monnoye, iusques
à present.*

Croniques de
Lorreine.

Fortitudo eius Rhodum tenuit.

L'ordre de l'Anonciade en la pacifique maison de Croniques c
Sauoye.
*Sauoye, fut institué par le Conte Vert, Amé v. de ce
nom. La Deuise duquel Ordre, il ordonna estre d'un
Collier d'or à quatre lettres entrelacees de lacs d'amour
auec l'image de la salutacion Angelique à la vierge
Marie. Lesdites quatre lettres donques sinifient le mot
que dessus, & ce pour perpetuer en ladite maison, les
faits cheualeureus & prouesses d'Amé, premier Conte*

c 4   *de*

de Sauoye, lequel voyageant outre mer contre les infideles, merita tant de la Religion de Rhodes, deuant Acre, que faisant l'ofice du Grandmaitre, lui fut requis de s'armoyer des armoiries de ladite Religion, & lui & ses successeurs au Conté de Sauoye, pour auoir sauué lesdis Cheualiers Chretiens, & tiré du peril de la tirannie des ennemis de la Foy. Le susdit Conte Vert donques instituteur de tel Ordre, en se nommant Chef d'icelui : y apella aussi quatorze Cheualiers nobles, & lui faisant le quinzieme, ausquelz il donna à chacun un Collier d'or à la Deuise susdite. Desquelz premiers Cheualiers pour la memoire les noms sont cy inserez, à sauoir:

Ledit Conte Vert.

Amé Conte de Geneue.

Antoine Signeur de Beauieu.

Hugues de Challon, Signeur d'Arlay.

Amé de Geneue.

Ian de Vienne Amiral de France.

Guillaume de Grandzon.

Guillaume de Chalamon

Roland de Veyssy Bourbonnois.

Estienne batard de la Baume.

Gaspard de Monmeur.

Barle du Foras.

Thennard de Menthon.

Amé Bonnard.

Richard Musard Anglois.

Non inferiora sequutus.

La feuë Royne de Nauarre Marguerite de France,
Princeſſe treſilluſtre: portoit la fleur du Souci en Deui-
ſe. Qui eſt la fleur ayant plus d'aſinité auec le Soleil que
point d'autre, tant en ſimilitude de ſes rayons, es fueilles
de ladite fleur, que à raiſon de la compagnie qu'elle lui
fait ordinairement, ſe tournant de toutes pars là ou il
va : depuis Orient iuſques en Occident , s'ouurant auſſi

ou cloant , selon sa hauteur , ou basseur. Et auoit telle
Deuise la tant vertueuse Princesse , en sine qu'elle diri-
geoit toutes ses actes , pensees, volontez, & afeccions,
au grand Soleil de Iustice , qui est Dieu Tout-puissant
contemplant les choses hautes, celestes, & spirituelles.

Ante ferit, quam flamma micet.

La Deuise du bon Duc Philippes de Bourgongne,
estoit le Fuzil frappant la Pierre, & faisant feu, qui
semble representer la guerre entre deus fors & puissans Princes, par laquelle souuent se minent, consument,
ou ruïnent l'un l'autre, outre le danger & dommage
irreparable qui en sort, courant & volant de toutes
pars.

Precium non vile laborum.

De Monstre-
let.

*L'ordre de la Toison d'or fut institué aussi par ledit
bon Duc Philippes de Bourgongne lan 1429. pour lequel il nomma vintquatre Chevaliers sans reproche non
compris lui comme Chef & instituteur, & leur donna
à un chacun pour enseigne dudit Ordre, un Colier d'or
composé de sa Devise du Fuzil avec la Toison d'or re-
venant sur le devant, & ce (comme lon dit) en imitacion de celle que Iason conquit en Colchos prinse coutu-
mierem*

mierement pour la Vertu , iadis tant aymee de ce bon
Duc,qu'il merita ce ſurnom de Bonté,& autres louen-
ges contenues en ſon Epitaphe , là ou eſt parlé de ceſt
Ordre de la Toiſon en la perſonne du Duc diſant:

Pour maintenir l'Egliſe,qui eſt de Dieu maiſon,
l'ay mis ſus le noble Ordre, qu'on nomme la
   Toiſon.

Les premiers Cheualiers dudit Ordre , furent ceus qui
   s'enſuiuent, à ſauoir:
Le Duc, inſtituteur & Chef.
Guillaume de Vienne, Signeur de ſaint George.
René Pot, Signeur de la Roche.
Le Signeur de Rembaix.
Le Signeur de Montagu.
Roland de Huquerque.
Antoine de Vergy, Conte de Dammartin.
Dauid de Brimeu, Signeur de Ligni.
Hue de Launoy, Signeur de Santes.
Ian Signeur de Comines.
Antoine de Thoulongeon, Mareſchal de Bourgongne.
Pierre de Luxembourg, Conte de Conuerſan.
Ian de la Trimoille, Signeur de Ionuelle.
Ian de Luxembourg, Signeur de Beaureuoir.
Gilbert de Launoy, Signeur de Villerual.
Ian de Villiers, Signeur de L'isleadam.
                          Antoine

Antoine Signeur de Croy, & de Renty.

Florimont de Brimeu, Signeur de Maßincourt.

Robert, Signeur de Mamines.

Iaques de Brimeu, Signeur de Grigni.

Baudoin de Launoy, Signeur de Moulambaix.

Pierre de Baufremont, Signeur de Chargny.

Philippes, Signeur de Teruant.

Ian de Crequy.

Ian de Croy, Signeur de Tours sur Marne.

Et est à noter, quant à cette Toison une chose memorable, & (s'il est licite de dire) quasi fatale à la tant opulente maison de Bourgongne, c'est que Charles dernier Duc ayant legerement espousé la querelle du Conte de Rhomon, contre les Suisses (ausquelz apartenoient certeines charrettes de peaux de Mouton, desquelles il s'estoit saisi) s'en ensuiuit incontinent son infortune, & tantot apres sa ruine, estant occis deuant Nancy. Et paraißsi sembleroit, que si par la Toison ladite maison de Bourgongne auoit esté manifiee & autorisee, par la Toison aussi ou peau de Mouton seroit esté ruinee. Encores que la maison d'Austriche ayt releué cet Ordre de la Toison, auec la Deuise du Fuzil, que porte auiourdhui l'Empereur pour auoir l'Empereur Maximilian son Grand pere, espousé Marie de Bourgongne seule enfant du susdit Duc Charles.

Flammescit vterque.

Deus batons ou branches de Laurier, frapees rude-
ment l'une contre l'autre, sont feu par leur concußion
(comme dit Pline) ce que sont außi les os du Lion, se- Pline.
lon plusieurs. Ainsi par le heurt de deus forces, ne peut
auenir que danger. Le commun prouerbe suiuant außi
ce propos est veritable, que fort contre fort, n'est pas bon
à faire doublure. Le pourtrait de cette Deuise, retire
à la Croix saint André, de laquelle se remerquoit d'an-
cienneté la deuant nommee maison de Bourgongne, com
bien qu'il y ayt diference quant à leurs sinificacions.

Zara à chi tocca.

Recule foy qui voudra , de la colere d'un Prince en
courrous : car elle est semblable à un Pot ou vase à feu,
lequel ne peut estre getté sus une troupe , sans endom-
mager de toutes pars. Deuise que portoit iadis le Duc
Ian de Bourbon, comme lon void encores en diuers lieux
de Bourbonnois, & Vilefranche en Beauiolois.

Nil penna, sed vsus.

L'Autruche estendant ses esles & belles plumes, fait Saint Gre-
une grande montre de voler : ce neanmoins ne s'enleue goire.
point de terre. Et en ce, fait côme les Ypocrites, lesquelz
par externe aparence, representent grande sainteté &
religion : puis c'est tout , & n'y ha que la montre : car
en dedens, tout est au contraire.

d

Humentia siccis.

Le Tizon ardant au bout, ☞ soutenant deus seaus
d'eau, que portoit en Deuise Galeaz Visconte, deuzie-
me de ce nom, Duc de Milan, se pourroit cõmunement
entendre de ceus que lon dit qui portent le feu ☞ l'eau.
Si seroit auſſi (le prenant plus haut) des ardantes afeccions, auec lesquelles l homme porte auſſi (par diuine
prouid

prouidence) le moyen de les esteindre par la raison. La
prouesse (particulierement) dudit Duc, est aussi demontree par cette Deuise, car lui ayant veincu au combat
un certein Signeur Flamand, qui la portoit premierement, la tira à soy pour le Trofee de sa victoire.

d 2

Sola viuit in illo.

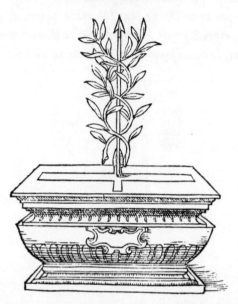

L'eſperance que Madame Diane de Poitiers illuſtre
Ducheſſe de Valentinois, ha de la reſurreccion , & que
ſon noble eſprit contemplant les cieus , en cette vie par-
uiendra en l'autre apres la mort : eſt poſsible ſiuiſié par
ſa Deuiſe, qui eſt d'un Sercueil ou tombeau, duquel ſort
un trait, acompagné de certeins ſyons verdoyans.

Restat ex victore Orientis.

Salladin Soudan de Babilone & de Damas, & Roy Paul Emil.
d'Egipte , mourant en la Cité d'Ascalon (du tems de
Philippes Aug.Roy de France) ordonna que incontinent
apres son trespas , sa Chemise fust portee sus une Lance,
à trauers ladite Cité d'Ascalon par son grand Escuier,
                     d   3   *faisant*

faiſant tel cri à haute voix: LE ROY DE TOVT
ORIENT EST MORT, ET N'EMPORTE NON
PLVS DE TOVS SES BIENS. *Auertiſſement à
tout homme , tant ſoit puiſſant & riche , qu'il lui conuient ſoy deſpouiller de tout, au pas de mort, & s'en aller auſſi nù hors de ce monde , que fait le plus indigent,
ou le plus poure.*

Autor ego audendi.

L'espee versatile & flamboyäte, que portoit en Deuise Charles Cardinal de Bourbon, sous le titre de saint
Martin, representoit le vray Glaiue des Prelats de
l'Eglise, & Glaiue de l'Esprit, (selon saint Paul) qui Aus Ephes.
est la parole de Dieu.

d 4

Non quæ super terram.

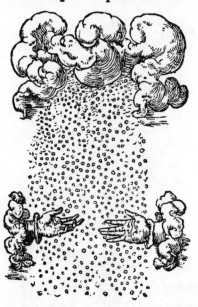

La nourriture & aliment de l'Esprit, est le Pain celeste, ou saint Sacremēt de l'Autel, designé par la Man-
Exode 16. ne tombant des cieus aus Israëlites, Mistere porté auiourdhui en Deuise, par M. le R. Cardinal de Tournon.

Ab infomni non cuſtodita Dracone.

Les Pommes d'or du verger des Heſperides, (leſ-
quelles communement ſont prinſes pour la Vertu) furent
emportees par Hercules: nonobſtant qu'elles fuſſent cu-
rieuſement gardees par le Dragon vigilant. Deuiſe de
M. le R. Cardinal de Ferrare.

c ſ

Non quàm diu, fed quàm benè.

 Le Couteau Philofophal, que plufieurs tiennent auoir eſté forgé par ſaint Thomas d'Aquin (de bien longuemain, & auec merueilleuſe obſeruacion des Aſtres) ſe trouua ſi bien ſyderé, que par icelui fut coupee une Enclume à trauers, ainſi que lon dit. A raiſon dequoy ſinifie la Deuiſe de tel Couteau, qu'il ne ſe faut arreſter au long tems que lon employe pour bien faire une choſe, mais que ſeulement elle ſoit bien faite. Car comme diſoit Suetone. *Auguſte Ceſar, Sat citò, ſi ſat benè.*

Quà proceres abiere pij.

Comme le profete *Helie* fut esleué & porté es cieux, 4. des Rois
sus un Chariot de feu, en corps & ame : ainsi l'esprit de chap. 2.
sainte personne en ce mõde, est esleué & monté en haut
par un bon & ardant desir : au moyen duquel il se recree en la contemplacion des celestes beautez, & ex-
cellences diuines. A quoy conuient ce que touche *Ouide* Ouide.
de *Pythagoras*, disant:

Mente Deos adiit, & que natura negarat
    Visibus humanis, oculis ea pectoris hausit.

Hoc latio reſtare canunt.

Pline. *Par les Haches, & Verges atachees à icelles, enſem-*
ble des Laurees, que lon portoit d'antiquité deuant les
Conſuls Rommeins eſt aſſez repreſentee la puiſſance, do
minacion & autorité que iadis ſouloit auoir la trion-
fante Italie ſur tout le monde. Par le moyen neanmoins
de concorde, police, & amour de Republique. Mais auſſi
par

par les boucles & cadenaz esquelz sont enferrees les-
dites Haches, est demontree la seruitute et captiuité en
laquelle le susdit païs est tombé miserablement, auiour-
dhui, à cause (pour vray) de ses diuisions, faccions, &
parcialitez.

Arbitrij mihi iura mei.

Les antiques *Alains, Bourguignons, & Sueues,* portoient le Chat (*selon Methodius*) en enseigne : beste que
lon connoit assez impaciente de prison, à cause dequoy
pouuoit estre en sine, & representacion de Liberté.

Mihi terra, lacusq;.

Mecenas sous l'Empereur Auguste, estoit en tres-grande autorité, de maniere qu'il auoit toute puissance & gouuernement, tant par mer que par terre. Ocasion possible qui lui faisoit porter la Grenouille en sa Deuise, si autrement ne la portoit en sine de celles de Syriphie, qui ne crient iamais, comme dit Pline: car ainsi se pourroit remerquer Secret, ou taciturnité: laquelle estoit tant familiere dudit Mecenas, que pour cette cause le reueroit grandement Auguste, ayant aussi en grande admiracion, la hayne qu'il portoit à l'enuieuse raillerie. Dion. Pline. Eutrop.

ΦΩ̂Σ ΦΈΡΟΙ Ἤ ΔΕ ΓΑΛΉΝΗΝ.

*Madame Catherine, treschretienne Royne de France,ha pour Deuise l'Arc celeste,ou Arc en ciel : qui est
le vray sine de clere serenité, & tranquilité de Paix.*

Vltorem vlciſcitur vltor.

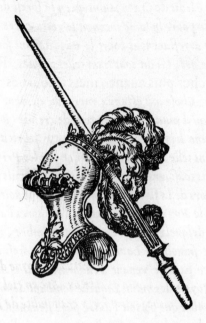

Si Charles VI. *de ce nom Roy de France, fut par trop* Froiſſart.
afoccionné, à venger la querelle d'Oliuier de Cliſſon ſon
Conneſtable, contre Pierre de Craon, auſſi ne lui en print
il pas bien : (ainſi qu'il auient ſouuent de trop grande
auidité de vengeance, & de faire ſon propre de querel-
le d'autrui). Car ſe mettant es chams à groſſe puiſſance,
e   tirant

tirant en Bretaigne contre le Duc (adonq chargé d'a-
uoir retiré ledit de Craon)auint qu'en la forest du Mans,
un certein poure homme inconnu se getta entre deus ar
bres, & arrestant tout court le Roy, tenant son cheual
par les resnes, lui dit tout haut telles paroles, Roy ne
cheuauches plus auant, mais retournes : car tu
es trahi. Chose qui estonna merueilleusement le Roy,
de sorte qu'il mua & fremit tout de creinte (ioint qu'il
estoit ieune homme, assez debile & febricitant) ce
neanmoins telle auanture mesprisee par les Princes,&
marchans tousiours auant auec le Roy, côme ils se trouuerent hors de la forest à pleine chaleur, suiuoient aussi
derriere le Roy deus de ses pages, l'un apres l'autre, le
premier desquelz portoit en teste son Timbre, & l'autre qui le suiuoit, sa Lance à fer esmolu. Ainsi donques
le dernier page se venant à endormir, lui eschappa la
Lance Royale des mains,laquelle tombant donna du fer
sur le Timbre que portoit l'autre page deuant,de maniere qu'au bruit du coup d'icelle Lance sur ledit Timbre,
soudeinement le Roy, (encores tout fantasié du rencontre de l'homme inconnu susdit) commença en sursaut à
tressaillir de frayeur, & de telle sorte que tout furieus
tirant son espee pour fraper de tous cotez, sans auoir
connoissance de personne, & pensant estre entre ses ennemis en bataille, se print à crier: Auant, auant, sur
ces traitres. Auquel cri, les pages se retirans de de-
                                                        uant

uant lui, toutefois le Duc d'Orleãs son frere estant assez
pres fut poursuiui du Roy, à toute bride, l'espee au poing,
tellement que sans la grande vitesse dont il se sauua, il
estoit en trop grand danger de sa personne. Finablement
tant se trauailla le Roy, que venant quelquefois apres
à se lasser, comme fit aussi son cheual qui n'en pouuoit
plus, fut saisi le Roy par un Cheualier, & apres dou-
cement remené au Mans, en telle extremité de langueur, qu'on ne sauoit s'il en eschaperoit, au moyen dequoy, le voyage estant rompu, & la gendarmerie re-
tiree, demoura sa personne depuis tout le reste de ses
iours valetudinaire & tant sugette à intermittête fre-
nesie, que ce fut chose miserable de tel inconuenient,
& mesmes pour l'infortune & malheur de son poure
Royaume, lequel à cause du moyen & entreprinse susdite se sent encores de sa calamité.

Colligauit nemo.

Il se trouue de la monnoye antique, batue en cuiure
ou bronze, au nom d'Auguste Cesar, au reuers de laquelle est la Deuise du Crocodile, enchainé à la Palme,
auec l'inscripcion. Col.nem. id est, Colligauit nemo, comme voulant possible faire entendre ledit Auguste, qu'il n'y auoit aucun auant lui, qui ust iamais ata-
ché l'Egipte à sa Victoire. l'Egipte (dy ie) pour autant,
que c'est le païs arrosé du Nil : fleuue representé par le
Crocodile, lequel se trouue en icelui, & non ailleurs.

Dauant

Dauantage en ladite monnoye, est posé le Crocodile sur des Palmes, en sine qu'en Egipte il fait son trionfe, en l'arrosant, en lieu de pluie. Auguste Cesar donques (à propos de cette Deuise,) fut victorieus en Egipte, sur M. Antoine & Cleopatra.

e 3

Latet anguis in herba.

En cueillant les Fleurs & les Fraizes des chams, se
faut d'autant garder du dangereus Serpent, qu'il nous
peut enuenimer & faire mourir nos corps. Et aussi en
colligeant les belles autoritez, & graues sentences des
liures, saut euiter d'autant les mauuaises opinions, qu'el-
les nous peuuët peruertir, damner, & perdre nos ames.

Labuntur nitidis scabrisq; tenaciùs hærent.

Tout ainsi que les Mouches tombent se voulans po- Plutarque.
ser contre un Miroir bien poli: & se grimpent bien con
tre choses groumeleuses,& mal rabotees. Aussi les hom
mes tombent plus facilement d'une grande felicité, &
se tiennent micus en auersité.

e 4

Te ſtante virebo.

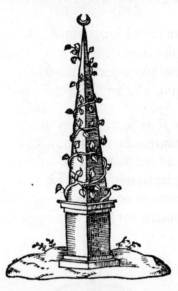

Entrant dernierement Monſieur le R. Cardinal de Lorreine en ſon Abbaye de Cluny, eſtoit esleuee au portal d'icelle ſa Deuiſe, qui eſt une Pyramide, auec le Croiſſant au deſſus: enuironnee du bas iuſques en haut, d'un beau Lierre verdoyant. Et le tout acompagné, de l'inſcripcion qui ſenſuit:

Quel Memphien miracle ſe hauſſant
Porte du ciel l'argentine lumiere,

Laquelle

Laquelle va (tant qu'elle soit entiere
En sa rondeur) tousiours tousiours croissant?

Qvel sacre saint Lierre grauissant
Iusqu'au plus haut de cette sime fiere,
De son apui (ô nouuelle maniere)
Se fait l'apui, plus en plus verdissant?

Soit notre Roy la grande Pyramide:
Dont la hauteur en sa force solide
Le terme au ciel plante de sa victoire:
Prince Prelat tu sois le saint Lierre,
Qvi saintement abandonnant la terre
De ton soutien vas soutenant la gloire.

e   5

Inter eclipfes exorior.

La grande & riche Coupe d'or, portee à prefent en
Deuife par Monfigneur le Dauphin, me fembleroit re-
prefenter le Crater du Corbeau d'Apollo : qui (felon les
Poëtes) fut transferé en luifant fine celefte. Et quant au
mot de la Deuife, fe pourroit auffi referer, à l'heureufe
naiffance dudit Signeur.

Fiducia concors.

Les Rommeins deuant le Prince, Empereur, ou Chef
d'armee, portoient außi en enseigne une Main : ainsi
que

que lon peut voir tant en plusieurs monnoyes antiques,
que aussi en celle belle antiquité, imprimee en la face du
liure des Commentaires de la Republique de Romme,
nouuellement mis en lumiere par Lazius, grand inuesti-
gateur d'antiquitez, & Chroniqueur du Roy des Rom
meins. Telle enseigne dőques d'une Main, estoit la Main
de Concorde.

Scilicet is superis labor est.

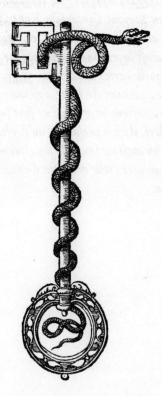

A la Clef, pres de la porte de Leontychidas Senateur de Lacedemone, s'estant entortillé un Serpent, les augures & deuins lui en faisoient un bien grand cas: afermans

mans que c'eſtoit un vray prodige. Sur quoy il leur vint
à reſpondre. Quant à moy, ce ne me ſemble point prodi-
gieus, qu'un Serpent s'entortille à une Clef : mais ſi la
Clef s'eſtoit entortillee au Serpent, ce ſeroit choſe prodi-
gieuſe. Et ainſi ioyeuſement reprint leur fole ſuperſti-
cion. De laquelle certes auiourdhui eſt fort embabouinee
la populaſſe, qui tant de leger s'eſtonne des choſes qui
auiennent caſuellement, & qui ne ſont ſupernaturelles.
Tout conſideré, il eſt à preſumer, qu'il y ha faute de bon
iugement : ou auſſi tot faute de foy, qui nourrit par aucuns mauuais arts, telle maladie d'entendement entre
les humeins.

Horrent commota moueri.

*L'Ours enfumé & eschaufé,ne se doit iamais irriter,
ne fait pas aussi le personnage en collere , marri , faché,
& facheus : & duquel lon ne pourroit receuoir que
desplaisir, inconuenient & danger.*

Si sciens fallo.

L'antique ceremonie que faisoient les Rommeins cessans la guerre, & venans à contracter & faire la Paix
Blond.I lau. auec leurs ennemis estoit, que celui qui auoit charge &
commission d'y entendre, & de transiger, assommoit
deuant tous les presens une Truie, auec une Pierre ou
Caillou, en disant & proferant telles paroles : Tout
ainsi qu'il en prend à cette Truie, m'en puisse
prendre, si en cet afaire i'entens aucune fraude
ny tromperie.

Inuitum fortuna fouet.

Tant à souhet *&* à plaisir succedoit la felicité des **Strabo** grandes richesses *&* fortune de Polycrates Tiran Samien, que lui mesmes la cuidant têperer *&* changer, getta une sienne Bague, ou Anneau, de tresgrande estimacion, dens la mer : lequel toutefois ce nonobstant, fut retrouué au vêtre d'un certein Poisson, que les pescheurs vindrent à pescher. Dont s'en ensuiuit que ledit Tiran, fut en fin surprins *&* empongné du Satrape de Perse, lequel tantot le fit pêdre *&* estrangler miserablement. A quoy peut on voir que la faueur, le ris, ou lueur de Fortune, (que le monde estime felicité) n'est pas chose fort assuree, de longue duree, ny certeine : ains de tant plus qu'elle reluit, *&* plustot se casse *&* se brise : tout ainsi que fait le verre.

f

Ecquis emat tanti sese demittere.

Valere.   *Valere le Grand fait mencion d'un Roy, lequel ayant*
reçu un Diademe, ou Chapeau Royal entre ses mains,
le tint longuement auant que le mettre sur son chef, &
le regardant & bien considerant, se print à dire : O
drap plus noble que heureus! si quelqu'un con-
noissoit & entendoit l'infinité des solicitudes,
perilz & miseres dont il est plein : s'il le trouuoit
emmi la bouë, il ne s'en daigneroit oter.

Comminus quò minus.

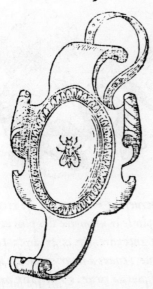

Vn Lacedemonien, taxé d'aucuns, qui pour lui voir porter en Deuise une seule Mouche en son Bouclier, non plus grande que le naturel, lui disoient que c'estoit en sine de se vouloir musser, & creinte d'estre vû : vint à leur respondre en cette maniere, Mais bien pour me montrer aparoissant : car ie m'aproche si pres des ennemis, qu'ils peuuent voir euidemment, que c'est que telle merque & sine.

f 2

Transfundit paſta venenum.

Aucuns peruers & outrageus, ſe recreent d'eſtu-
dier, & remplir leur memoire des plus atroces iniures
qu'ils peuuent entendre & tirer de toute meſchante
langue, à fin que venans à iniurier quelqu'un, ils le puiſ-
ſent piquer iuſques au cœur, & le faire mourir de deſplaiſir s'ils peuuent. Et ainſi font comme les Gueſpes,
leſquelles mangeans par grande auidité d'un Serpent,
rendent leurs aguillons plus venimeus, & leurs piquu-
res plus dangereuſes & mortiferes.

Pline.

Proſtibuli elegantia.

Le Sage en ſes Prouerbes fit cõparaiſon de la beauté Prouerbes.
& ordure de la femme proſtituee, à une Truie, qui ha
un Anneau d'or au groin.

f 3

Celsa potestatis species.

En la pierre precieuse , ou anneau de cachet qui fut trouué à Pompee le Grand quand il fut occis (& lequel anneau fit plourer Cesar, le regardant, quand il lui fut Plutarque. aporté) esto t la Deuse du Lion portant une Espee (selon Plutarque) en sine pouuoit estre de veriueuse & magnanime execucion.

Ardua deturbans, vis animosa quatit.

Pour venir à chef de chose ardue, dificile, & de grande entreprinse, c'est le tout que le bon vouloir, le courage, & la diligence : moyen qui fait que les Aigles viennent à tuer les Cerfs: en se gettans sur leurs Rames, leur batans, & remplissans les yeus de poudre (qu'elles ont amassé en leur pennage) & en fin les faisans trebucher, & precipiter aual les rochers.

Pline.

f 4

Vias tuas Domine demonſtra mihi.

En la galere quatrireme , que le Prince André Do-
rie Amiral de l'Empire , fit faire pour la perſonne de
l'Empereur , à ſon voyage de Tunis , eſtoit une Deuiſe
d'une clere Eſtoile , à rayons , enuironnee de pluſieurs
Traits, en ſine d'inuoquer la conduite, adreſſe, & puiſſance de Dieu.

Vnica semper auis.

Comme le Phenix est à iamais seul et unique Oiseau Theophras
au monde de son espece. Aussi sont les tresbonnes choses de merueilleuse rarité, & bien cler semecs. Deuise
que porte Madame Alienor d'Austriche, Royne douai-
riere de France.

f 5

Α'ΠΛΑΝΩ͂Σ.

L'eſpee militaire de France, en Bras armé, auec le mot ſus eſcrit, portee auiourdhui en Deuiſe, par Monſigneur le Conneſtable, eſt en ſine & repreſentacion de ſoy, & fidelité.

Riens ne m'est plus.
Plus ne m'est riens.

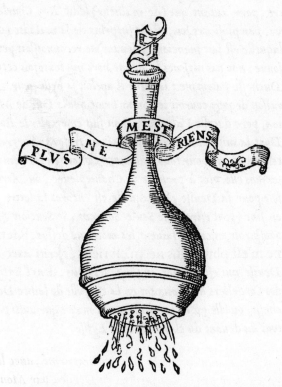

Valentine de Milan, Duchesse d'Orleans, eut un tems
grande ocasion d'acompagner le reste de sa vie, de force
larmes

larmes & pleurs : atendu que d'une part, lui serroit le
cœur le meurtre atroce, commis en la personne de son
mari le Duc Louïs, frere du Roy Charles v i. Et de l'au-
tre, pour autant que (de malheur) ledit Roy Charles
v i. par plusieurs fois, estant surprins de sa maladie (de
laquelle est fait mencion cy deuant) ne reconnoissoit per-
sonne : non pas mesmes la Royne, hors mis toutefois cette
Duchesse Valentine : laquelle il apeloit sa belle sœur. A
raison dequoy couroit le cõmun bruit, que le Duc de Mi-
lan, pere d'icelle Valentine, auoit fait ensorceler le Roy.
Dont la miserable Duchesse auoit un tresgrand regret,
tellement que pour tous soulas, & confort en ses gemis-
semens elle vint à prendre la Chantepleure, ou Arro-
soir pour sa Deuise, sur laquelle est encores la lettre S.
en sine (peut estre) que Seule Souuent, Se Soucioit &
Souspiroit, ensemble suiuent les mots que dessus : Riens
ne m'est plus. Plus ne m'est riens, *escrits auec la*
Deuise qui est enleuee en plusieurs lieus, dens l'Eglise
des Cordeliers de Blois, tant en la chapelle de ladite Du-
chesse, ou elle git en sepulture de bronze : que aussi par
tout au deuant du chœur d'icelle Eglise.

Pour un autre non.

L'auiron, ou *Rame flamboyant*, *estoit la Deuise de Messire André de Laual : iadis Amiral de France*, comme se peut voir encores à present es faubourgs de Melun. Qui pouuoit estre le sine de l'ardant zele qu'il auoit de bien seruir le Roy : principalement quant au fait de sa charge, touchant la regence Nauale.

Fata viam inuenient.

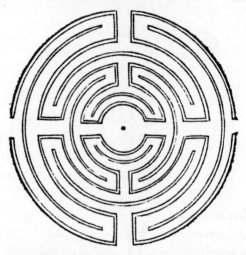

Par la *Deuise du Labyrinthe que porte le Signeur de Boisdauphin, à present Arceuesque d'Ambrun, se pourroit (possible) entendre, que pour rencontrer la voye & chemin de vie eternelle, la grace de Dieu nous adresse:nous mettāt entre les mains le filet de ses saints cōmandemens. A ce que le tenans & suiuans tousiours, nous venions à nous tirer hors des dangereux foruoye-mens des formidables destroits mondeins.*

Quid non mortalia pectora cogis?

Cleopatra *estant faschee & desplaisante de l'essay* Pline.
que M. Antoine se faisoit faire, banquetant en sa com-
pagnie, pour lui suggerer (ou autrement) qu'il ne se def-
fiast plus d'elle, se print à mignarder voluptueusement
auec lui, à la mode antique, mesmes auec des Chapeaus
de fleurs, les fueilles desquelles neanmoins estoient em-
poisonnees. Et prenant d'icelles sur sa teste, les lui bri-
soit dens sa Couppe, iusques à lui persuader d'en boire.
Toutefois ainsi qu'il commençoit, elle mettant la main
au deuant, lui dist, Ha, Antoine cher ami, ie suis celle
qui ay maintenant l'ocasion & la raison de faire ce que
tu creins par tes curieus essaiz, qui auienne de moy: si
ie pouuoye viure sans toy. Par la donques se peut connoi-
tre la confidence, qui peut estre en femme impudique.

In ſibilo auræ tenuis.

La Muſique de ſa nature eſt ennemie de Melanco-
lie : & par ainſi peut apaiſer la fureur cauſee de me-
lancolie excedente. Comme elle peut auſſi exciter l'aſ-
ſoupiment prouenant de cette humeur melancoliq, ſuf-
foqué qu'il eſt & obrué de flegme. De laquelle maladie
Melanchthon dit auoir vù poure pacient, ſi fort aſſoupi
&

et endormi, qu'on n'en pouuoit tirer parole, fors que par
le ieu de la Harpe: au son duquel instrument, il leuoit
la teste, se prenoit à rire, *et* respõdoit à ce dont il estoit
interrogé. C'estoit donques grande afinité de la Musique
auec l'ame. Chose que fit entendre euidemment le Pro-   4. des Rois.
fete Helisee, qui pour reuoquer son esprit profetique *et*   3. chap.
prier Dieu, (pour le secours de son peuple mourant de
soif) se fit amener un ioueur de Harpe: *et* ainsi obtint
de la Diuine bonté, selon sa peticion *et* prieres. Et quant
au parfaio Harpeur Dauid, venoit il point à consoler   1. des Rois.
l'Esprit du Roy Saul, possedé du malin, vù que toutefois   16. chap.
qu'il touchoit deuant lui, cessoit le mauuais de le tour-
menter? Cette armonieuse Musique donq participe de la
Diuinité: vù que non seulement elle reuoque la santé
es corps, mais danantage esleue l'ame à contemplacion,
la rend consolee, *et* celeste. Et pour autant est ennemie
des Diables, qui ne sont que desespoir, tristesse, frayeur,
et abimee desolacion. Au surplus comme en la Musique, par voix diferentes se fait bon acord, ainsi entre
hommes de diuerses complexions, *et* qualitez diferentes, se peut faire *et* meintenir tresbonne Paix: agreable
à Dieu, sur toutes choses.

Finem tranſcendit habendi.

Annales de
France.

La deſordonnee cupidité d'auoir , & exceſſiue am-
bicion du Caliphe de Baldac (grand Pontiſe de la Loy
Machometique) lui cauſa malheureuſe fin: car Haalon
Prince des Tartares l'ayant prins priſonnier , le voulut
traiter ſelon ſes appetiz, de maniere qu'il lui faiſoit apor-
ter & ſeruir pour tous mets, deuant ſoy force Plats, &
grans Vaſes pleins d'or : ſans lui donner autre choſe à
manger , lui faiſant dire à toutes fois qu'on le ſeruoit,
telz mots : Tien, mange, voici la choſe du monde que tu as plus aymee : prens, & t'en ſaoules.

Heu cadit in quenquam tan-
tum ſcelus.

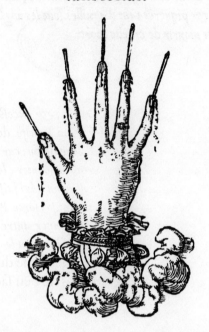

Les filles du Tiran Denis Siracuſain le ieune , porte- Celius.
rent en leur innocĕce les pechez de leur pere en ce mon
de : car lui eſtant expulſé de ſon Royaume, les Locren-
ſes pour ſe venger de ce qu'il auoit au parauant forcé
& violé leurs femmes & leurs filles , ſe ſaiſirent auſſi
g 2 *des*

des siennes propres, lesquelles en leur tendre beauté &
virginité, ils abandonnerent & firent prostituer à tous
venans. Et de ce n'estans encores contens, leur mirent
encores & piquerēt tant d'aguilles sous les ongles, qu'ils
les firent mourir de cruelle mort.

Pressa est insignis gloria facti.

L'Empereur Iulian Apostat, faisant publier en Ni- Hist. Ecclef.
comedie un edit, par lequel estoient defendues aus Chre- Martyrolog.
tiens les Escoles, & aussi toute aministracion de Repu-
blique : fut empongné icelui edit par saint Ian le mar-
tyr, lequel le brisa & rompit publiquement : comme le

g 3   *voyant*

voyant estre la chose trop plus pernicieuse à la foy Chretienne, que toute espece de cruel suplice. Ainsi par tel
acte nous fut sinifié, qu'il n'y ha peur ou creinte humeine, qui doiue estonner ny faire varier, aucunement la
conscience.

Cedo nulli.

Le Dieu Terminus des Rommeins, qui mefmes ne Tite Liue.
ceda à Iupiter, eftoit la Deuife d'Erafme, fur laquelle
un Cordelier nommé Caruayalus, lui improperoit & ob-
ietloit, que ce faifoit il par grande arrogance : comme
ne voulant (en fauoir) ceder à perfonne aucunement.
Combien toutefois qu'elle fe puiffe entendre de la Mort,
terme dernier & final de tous, que perfonne ne peut
outrepaffer. Refponfe auffi que fit Erafme audit Car-
uayalus.

g 4

En altera quæ vehat Argo.

Pacatus.
Apolinaris.
Rhenanus.

*Les Franques, ou François (peuple iadis frequentant
la marine, & gens exerçans l'art Piratique, selon La-
tinus Pacatus, Sidon Apolinaris, & Beatus Rhenanus)
voulurent que le lieu principal auquel ils s'estoient ar-
restez, qui est la Cité de Paris, capitale de France, por-
tast perpetuellement l'enseigne de la profession & art
dont ils se mesloient. Parquoy lui donnerent la Deuise
du Nauire, qu'elle ha depuis tousiours porté iusques à pre
sent. Et n'est pas inconuenient que iceus ne participas-
sent des Gepides, lesquelz aussi au parauant se remer-
quoient*

Methodius.

quoient *du Nauire , frequentans la mer Germanique,*
nation possible Troyēne, & escartee en lointeines mers,
apres la destruction de Troye, de laquelle, l'opinion com-
mune tient, que les nobles François sont descenduz.

g 5

Insperatum auxilium.

T. Liue.
Pline.
A. Gelle.

M. Valerius Rommein , combatant contre un Gaulois , fut fauorisé de secours inopiné : car un Corbeau se venant poser sur son armet, esgratigna , & esblouit de telle sorte les yeus de son auersaire , que finablement fut veincu , dont fut ledit Valerius adonq surnommé Coruinus : à raison d'icelui Corbeau , combien que touchant sa victoire, ne la se put atribuer par sa prouesse, ains par la prouidence d'enhaut. Neanmoins audit Coruinus , fit Auguste Cesar eriger une statue, laquelle auoit un Corbeau sur la teste, pour moniment de tel mistere.

Tutum te littore siſtam.

La Deuiſe de l'Ancre, eſt ci inſeree en ſine de l'eſpe-
rance que deuons auoir de notre ſalut, en notre Sauueur Aus Ebr. 6.
Ieſuchriſt : qui eſt l'aſſuré & dernier refuge, auquel
nous conuient touſiours recourir. Vray eſt que Seleucus Appian.
Roy de Syrie, portoit telle Deuiſe de l'Ancre en ſon an-
neau de ſignet, mais c'eſtoit pourautāt que par l'Ancre,
lui

lui auoit esté sinifié son regne, au raport des Deuins & Augures. Dauantage l'a porté aussi l'Empereur Tite, toutefois pour autre raison, comme sera dit cy apres. En outre l'ont porté & portent encores plusieurs Amiraus, en merque (ce semble) de leurs Osices, en expedicions & charges Nauales.

Quò tendis?

Saint Iaques, entre autres imperfeccions & incom- S. Iaques 3.
moditez de la Langue , la dit estre pleine de mortifere
venin: & l'acompare au tymon ou gouuernal d'un Nauire , par lequel tout le corps du vaisseau est gouuerné.
Opinion certes conforme à celle de Bias, auquel Amasis
Tiran d'Egipte ayant enuoyé une beste sacrifice , auec
                                                    somm

ſommacion de lui renuoyer d'icelle , le pire , ou le meil-
lᵉur membre: lui en renuoya ſeulement la Langue. Pour
eſtre donques celle petite piece du corps de telle impor-
tance, ne ſait à emerueiller ſi Nature l'a encloſe de dou-
ble portal, duquel aucunement ne doit iouir de l'ouuer-
ture, ſans la licence de Raiſon & Entendemͤt demou-
rans au fort : autrement venant à s'enuoler ſans dire
gare , c'eſt pitié que du danger de ſa trainee : & queue
de malheureuſe conſequence.

Putrefcet Iugum.

Le Ioug pourrira par l'huile (dit Ifaye) profetifant Ifaye 10.
la liberté fpirituelle, par l'auenement de Iefuchrift. Auquel les enfans d'adopcion, heritiers & enfans de Dieu,
croiffans en augmentacion de Charité, & obferuans fes
commandemens, font desliez du pefant Ioug legal, &
de feruitute. Car à ce Iubilé fpirituel, les coulpables font
abfous, les dettes font remis & quittez, les bannis ra-
pelez en leur païs, l'hoirie perdue fe reftitue, & les
ferfs, à fauoir les hommes venduz par peché, font def-
chargez de ce Ioug feruile par Iefuchrift : vray huile
de mifericorde, de ioye, & de grace.

Nec fas eſt, nec poſſe reor.

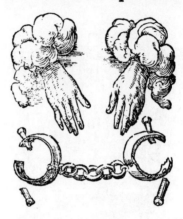

Actes 12.　　*Il ne faut eſtimer captif, celui qui eſt chargé de fers,
ains celui qui eſt chargé de vices. Car nonobſtant que
ſaint Pierre fuſt enchainé de double chaine es priſons
d'Herode, ſi conuint il à la venue de l'Ange, que les
chaines lui tombaſſent des mains, & qu'il euadaſt par
la porte de fer, s'ouurant par le vouloir Diuin, lequel à
la verité, (encores que la puiſſance humeine face ſes ef-
fors) ne peut aucunement ny ne doit eſtre forcé.*

Semine ab ætherio.

La terre ayant englouti, Core, Dathan, & Abiron Nôb.16. & 1
sedicieux, perturbateurs du Sacerdoce & saint Mini-
stere : fut icelui confirmé diuinemēt, en la lignee de Le-
ui, par le mistere de la Verge d'Aaron, laquelle entre
les autres Verges des lignees d'Israël, mises ensemble
par le commandement de Dieu dens le Tabernacle, fut
trouuee l'endemein germee, florissant & formant des
Amandres.

h

Ventura deſuper vrbi.

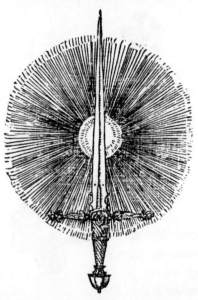

Ioſeph.
Aegeſipp.

La miſerable deſtruccion de Ieruſalem par les Rom
meins, (apres la paſſion de Ieſuchriſt) fut ſinifiee par
pluſieurs ſines, & meſmes entre les autres, par une
eſpouuentable Comete, en forme d'eſpee luiſant en feu,
laquelle aparut bien l'eſpace d'un an ſur le Temple, com
me demontrant que l'ire Diuine ſe vouloit venger de
la nacion Iudaïque, par feu, & par ſang, ce qui auint,
entre la piteuſe calamité de famine, à raiſon de laquelle
ny eut pas la malheureuſe & aſſamee mere qui ne
mangeaſt ſon propre enfant.

In vtrunque paratus.

Le peuple Iſraëlite reedifiant Ieruſalem , au retour 2. Eſdr. 4.
de ſa captiuité de Babilone, fut cōtreint pour les aſſauz
& empeſchemens que lui faiſoient ſes ennemis, de ba-
tir de l'une des mains, & tenir l'eſpee de l'autre. Hi-
ſtoire miſtiquemēt repreſentant les edificateurs de l'E-
gliſe Chretienne, leſquelz pour reedifier ou enſeigner les
ignorans , ou defaillans en la Foy (qui ſont les ruïnes) y
doiuent diligemment eſtre ententifs d'une part : & de
l'autre ſe defendre des dangereus & mortelz ennemis,
qui ſont les vices: touſiours auec le trenchant de l'eſpee
de la parole de Dieu.

                              h 2

Vindice fato.

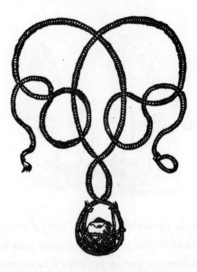

1. Rois 17. *Dauid estant encores ieune & simple berger, (nean-moins armé de la grace de Dieu) s'osa bien presenter au combat contre le grand Goliath. Non toutefois se confiant aus armes du Roy Saul, mais seulement se con-tentant de sa fonde, cinq caillous, & son baton, au moyen dequoy, il occit ce Geant : ennemi tant redouté & for-midable. Ainsi pour veincre le Diable, dangereus auer-saire de Nature, nous suffisent seulement les armes de ferme Foy, portans auec nous vraye confidēce en la pas-sion & mistere de la Croix de notre Saũueur Iesuchrist.*

Nil solidum.

A la consecracion d'un nouueau Pape à Rōme, com-
me il passe par la chapelle saint Gregoire, en laquelle
sont inhumez plusieurs Papes ses predecesseurs, le mai-
tre des ceremonies porte deuant lui deus cannes ou ro-
seaus, sur l'un desquelz sont des estoupes, & sur l'autre
une chandelle, auec laquelle brulant lesdites estoupes, se
retourne deuant sa Sainteté & dit : Pater sancte sic
transit gloria mundi. Et ce fait il par trois fois.

h 3

Vtrum libet.

L'oliue, ensemble la Masse d'armes, (Deuise de Paix,
ou de Guerre) se peut montrer aus ennemis, leur ofrant
le chois de l'un, ou de l'autre, ainsi que faisoient les An-
Aul. Gel.   tiques par le Caducee, auec la Lance : mesmes les Rommeins aus Carthaginois, ou bien par deus Lances ensemble

semble, à sauoir l'une à roquet, & l'autre à fer esmou-
lu. Comme fit le Duc Ian de Bourgongne, apres le meurtre du Duc d'Orleans, qui estant de retour de Flandres
à Amiens, auec une puissante armee, fit peindre deus
telles Lances susdites, au deuant de son logis.

Monstrelet.

h 4

Agere & pati fortia.

Valere.   *Tel regret & defplaifir reçut M. Sceuola, Rŏmein,
d'auoir failli à occire le Tirant qui oprimoit fa patrie,
que lui mefmes dens un feu, en voulut punir fa main
propre.*

Lex exlex.

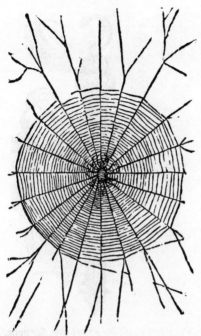

Anacharse Filosofe acomparoit les Loix, aus Toiles Valere le
des Araignees, lesquelles prennent & retiennent les Grand.
petites Mouches, Papillons, & autres bestions, &
laissent passer les gros & furs, ce que de mesmes font
aussi les Loix, qui par mauuaise interpretacion ne lient
les riches & puissans, mais sont rigoureuses & côtrein-
gnent seulement les poures, imbeciles, foibles & petis.

h 5

Tutus ab igne facer.

Plutarque.
Val.Max.

*Le Litue , baton Augural , & au parauant sceptre
d'Iuoire de Romulus , ne fut aucunement brulé par les
grans feus de Romme : ains fut trouué dens iceus, tout
entier, & fans aucune lesion.*

Parce Imperator.

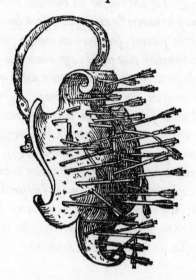

M. Sceua, vaillant soldat en l'armee de Iul. Cesar com
batant aus escarmouches d'entre ledit Cesar & Pom-
pee, à Duras apres auoir eu un œil creué, & lui auoir
esté son corps percé en six diuers lieus, tout outre, fut
encores trouué son Bouclier auquel estoient plantees six
vingts flesches. Et en outre estoit atteint ledit Bouclier,
(ainsi que Cesar mesme escrit) bien de deus cens trente
pertuis. Ce neanmoins fut par lui la porte du fort tres-
bien gardee, qui lui auoit esté commise. Dauantage le-
dit

Appian.

Cesar.
Suetone.
Valere.

dit Sceua , une autre fois reſiſtant ſeul en une bataille
en Gaule, & s'eſtant rué ſur ſes ennemis, comme il eut
reçu un coup à trauers la cuiſſe, ſon viſage lui eſtre mou
lu à coups de pierres, ſon morrion rompu ſur ſa teſte,
tombé ſon bouclier tout percé , & auoir mis ſon eſpee
en pieces, ſe getta hardiment en la mer, armé qu'il eſtoit
de double corcelet, & fit tant à la nage , parmi les on-
des (qu'il auoit fait rougir du ſang des ennemis) qu'il
gaigna la compagnie de ſes gens, là ou ſe voyant deſnué
de ſes armes (choſe illicite en art militaire) ſe print encores à crier à ſon Prince (nonobſtant les trauaus de ſa
fortune) Capiteine, pardonnez moy , i'ay perdu mes armes. Telle fut donques la prouëſſe & vertu dudit Sceua, lequel en recompenſe de ſes merites , fut mis en honneur & eſtat de Centenier ou Centurion.

Euertit & æquat.

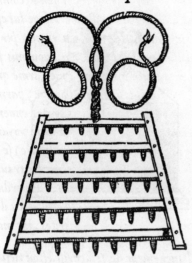

Guillaume de Henaut, Conte d'Ostreuant, fils ayné Froissart.
du Duc Albert de Bauieres, Conte de Henaut, Holāde,
& Zelande, portoit en lan 1 3 9 o. en Deuise la Herse,
figuree d'or en son estandart, lequel fut desployé en l'ar-
mee Chretiēne, contre les Sarrasins, deuant la vile d'A-
frique en Barbarie. Cōme la Herse donques renuerse &
egale les motes & choses gromeleuses du champ, auśi
peut le bon Prince en ses païs, par ses loix & ordōnances
abatre & exterminer les meschās & mutins, qui s'es-
leuent en malfaisant, contre son autorité & puissance.

Vlterius tentare veto.

'*Auant l'auenement de Iesuchrist, estoit desia insinué entre les Gentils & Payens, le mistere de la sainte Trinité. Designee profetiquement par la Triple Statue du Dieu des Sabins, qu'ils nommoient* Sanctus Fidius & Semipater. *Lequel par eus fut porté à Romme, le disans estre de Triple nom, encores que à la verité ce ne fust qu'un. Et combien qu'ils ussent tous trois un Temple dedié au mont Quirinal, si esse que ledit Temple ne portoit le nom que de l'un. La persuasion des hommes, touchant ladite Triple statue, vint à estre si grande, qu'elle obtint merueilleuse autorité de serment : auquel estoit entendu*

Blond. Flaui.

entendu sous une Trine puissance Diuine , le Dieu Fidius : qui estoit le milieu. Or estoient ces tres antiques Pline.
Sabins fort religieus , à raison dequoy furent ainsi apellez. Et n'y ha point de faute que ceus esquelz .l y ha
eu plus de religion, ont aussi tousiours eu plus de lumiere de la Foy.

Seruitus libera.

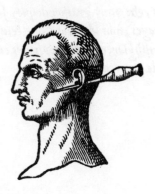

Exode 21.
Deuter. 15. Par la Loy rigoureuse de Moïse, quand le Serf auoit
acompli son terme, prefix & destiné à seruitute, il auoit
le chois de s'en aller en liberté : ou bien de tousiours demourer en seruitute auec son maitre, s'il lui plaisoit. Chose que s'il choisissoit de faire, lui perçoit son maitre l'O-
reille auec une Alesne. Et estoit telle seruitute volon-
taire. Ainsi q̃ doit estre celle du bon Chretien, libre ser-
uiteur, selon la Loy de grace : presentant son Oreille à
Dieu, à ce qu'il lui plaise de la lui rendre apte & ca-
pable d'entendre ses sains commandemens : Grace plus
grande qu'il puisse receuoir, & celle qu'il semble que
Psalm. 39. le Psalmiste se dise auoir receu, par ce trait : Aures au-
tem perforasti mihi. Aucuns prennent le passage
Mosaique

Mosaïque susdit autrement, disans telle seruitute volon-
*taire , estre des Serfs seruans es choses terrestres & *
mondeines , & ne se voulans retirer (mesmes au bout
de leurs aages) à la liberté spirituelle (qui est le seruice
en Iesuchrist) l'Oreille desquelz aussi est notee pour cet-
te cause, de perpetuelle inobedience.

Sic terras turbine perflat.

S. Pierre 5.
.iaques 4.
:.Luc 1. *Dieu notre Createur (selon saint Pierre , saint Ia-*
ques , & saint Luc) resiste aus orguilleus fiers & hau-
teins,& donne grace aus humbles. Et en ce semble estre
imité par la Foudre , qui de sa nature laissant les choses
basses, tombe coutumierement sur les hautes. Ainsi que
mesmes témoigne Horace, disant:

Horace.   Sæpius ventis agitatur ingens
                 Pinus, & celsæ grauiore casu

                                              Decid

Decidunt turres : feriuntq; summos
Fulgura montes.

Et encores Ouide:

Summa petit liuor, perflant altissima venti,   **Ouide.**
Summa petunt dextra Fulmina missa Iouis.

i 2

Vel in ara.

Histoire de
Milan.

Galeaz Marie Duc de Milan, fils de François Sfor
ce, se laissa tomber en telle impudique lubricité, qu'il
violoit & les filles vierges, & aussi les dames d'hon-
neur & de vertu. Vice qui le rendit tant odieus aus
siens, & aus estrangers, ses sugets, que finablement lui
en print mal. Car un Courtisan Milannois, nommé An-
dré Lampugnan auec deus autres ses adherens, se sen-
tans par lui trop ofensez, & mesmes ledit Lampugnan
(qui d'ailleurs ne pouuoit porter paciemment le tort que
ce Duc faisoit à un sien frere d'une abbaye) coniurerent
ensemble sa mort. Laquelle ayant entreprins Lampu-
gnan entre les autres : & neanmoins n'osant aprocher
ny ofenser la personne du Prince, duquel la grãde beau-
té le

té le regettoit & eſtonnoit : s'auiſa d'un moyen pour
s'aſſurer. De maniere qu'il le fit peindre en un Tableau
au vif, contre lequel il donnoit de la dague à toutes fois
qu'il y penſoit. Et tant continua ſes coups en cette façon
de faire, que un iour ſe voyant tout acoutumé & aſſuré
de l'aprocher & fraper, s'en va enſemble ſes compli-
ces, trouuer ce malheureus Duc dens une Egliſe, entre
ſes archers de garde, & la (ce nonobſtant) s'auançe
comme voulant parler à lui, & ſur ce ſoudeinement le
frape de la dague trois coups au ventre ſi rudemēt qu'il
tombe mort en la place. Et ainſi fina ce vicieus Prince,
lequel n'auoit iamais bien entendu ce beau trait de Claudian : Quil n'eſt meilleur guet, ny plus forte garde, que fidele Amour, & eſtre aymé. Ores que
lon fuſt enuironné de mile dards, ou halebardes.
Et à la verité, notre Createur, Dieu des vengeances,
(tant recommandant l'amitié entre les hommes) trouue
bien ceus qui font le contraire, & qui l'ofenſent : fuſſent
ils ſur le propre autel.

i 3

Cœlitus impendet.

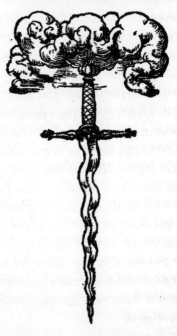

Cicero.   *Dionisius le Tiran , Roy Sicilien, voyant un iour un*
sien flateur Boufon, nommé Damocles, qui le louoit mer
ueilleusement pour sa grande magnificence , opulence,
& de tout Royal apareil, iusques à dire qu'il l'estimoit
estre le plus heureus, que iamais homme n'auoit esté, se
print à lui respondre en telle manierc. Damocles puis
que

que tu prens plaisir à cette vie que ie meine, veus tu es-
sayer ma felicité, & gouter de ma fortune? Oui, Sire,
dit Damocles: s'il vous plait. Alors le Tiran fit en grand
apareil acoutrer un beau grand lit d'or, couuert d'un ta-
pis de riche broderie: dresser force bufets parez de veisselle d'or & d'argent: tres ingenieusement grauee, &
faite par riche artifice, apres ordonna plusieurs beaus
ieunes pages se tenir autour de la table, ou Damocles
fut assis, prests à acomplir tout ce qu'il lui plairoit com-
mander. Dauantage estoient mises senteurs, chapeaus
de fleurs, & force perfums odoriferans. La table cou-
uerte de viandes delicieuses: par moyen qu'en telle sorte s'estimoit Damocles le plus heureus du monde. Iusques à ce que le Tiran commanda qu'une trenchante
Espee toute nue, fust pendue au plancher, tenant seulement à un poil de queue de Cheual, la pointe droit sur
la teste de ce bienheureus Boufon. Lequel se voyant
adonq si proche de tel eminent danger, se desgouta de
toute cette Beatitude: n'ayant plus le regard tendu à
contempler la beauté de ces beaus ieunes pages, ny au
grand artifice de la veisselle Royale, lui fachant aussi
toute viande. Tellement que les chapeaus de fleurs lui
tomboient par terre, tant que finablement il pria le Tiran, de lui donner congé de quitter tel ieu, ne voulant
plus estre Bienheureus en cette façon. En quoy ledit Tiran assez declairoit, qu'il n'y ha aucune Beatitude, là

ou touſiours eſt creinte preſente. Quand principalement
elle eſt entendue de la dangereuſe Eſpee de vengeance
Diuine : pendant touſiours à un bien petit filet , ſur les
miſerables pecheurs.

Satis.

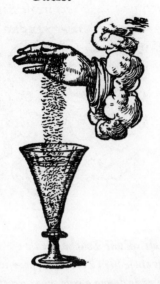

*Heraclitus pour faire entendre, que ſi les Atheniens
eſtoient ſi bien auiſez, que de ſe contenter des dons de
Nature ſeulement, qu'ils viuroient en bonne paix, tranquilité, & concorde, getta de la Farine auec la Main,
dedens un Verre plein d'eau.*

Vis est ardentior intus.

Ainsi qu'une Souche creuse & embrasee par de-
dens, est chose bien à creindre, pour le dāger du feu, du-
quel on ne se donne garde, pour n'y en voir aucune apa-
rence en dehors. Aussi es viles & citez, sont les inte-
stines entreprinses, cōiuracions, & sedicions plus à crein-
dre, d'autant qu'elles sont plus ocultes & couuertes. Car
à telles choses, est bien dificile de remedier: que premie-
rement n'en sorte tresgrand danger, & inconuenient à
la Republique. Cette Deuise aussi, se pourroit entendre
d'un Amour secret, & couuert: qui est pareillement
chose fort ardente: & souuent de grande consequence.

Premitur, non opprimitur.

En iugement l'Empereur Galba entendant sur le Suetone.
diferent & proces d'aucun Cheual contencieus, &
voyant par les douteuses deposicious des témoins, que la
coniecture de la verité, en estoit dificile constitua la
propre Nature Iuge d'elle mesme, (à limitacion de Sa-
lomon, lequel defera le iugement de la controuerse, à
l'afeccion maternelle). De maniere qu'il ordonna que
ledit Cheual fust mené, la teste enuelopee & bouchee, à
l'eau de son abreuoir acoutumé. Et que de ce lieu (apres
lui auoir esté la teste descouuerte) chez celui ou il s'en
retourneroit, ayant bu, à celui il seroit & apartiendroit.
Dont aparut par tel moyen, que Verité se peut desgui-
ser: mais non toutefois iamais oprimer.

Magnum vectigal.

Le Heriſſon ſe gettant en queſte, ne ſe contente ſeule-
ment de ſe paitre des fruits qu'il rencontre, ains enco-
res ſe couche & roule par deſſus: à fin d'attacher de ſes
pointes ce qu'il peut, tant des uns que des autres. Et en
cette façon les emporte en ſa cauerne: pour s'en nourrir
long tems apres, de peu à peu. En quoy nous fait apa-
roir, que pour auoir du bien, ce n'eſt pas le tour que de
poſſeder pluſieurs terres & reuenuz, ains d'eſtre ſon-
gneus, & diligemment uſer d'eſpargne, qui eſt un re-
uenu tant aſſuré, & ſi grand, qu'il contreint ordinaire-
ment les riches grans deſpenſiers, de venir à recours
aus petis locataires, meſnagers & bien diſpenſans les
choſes.

Ingenij largitor.

Il n'est que la neceßité, pour faire inuenter les habi- Pline.
litez, & sutils moyens. Comme naturellement demon-
tre le Corbeau, duquel Pline fait mencion : qui estant
preßé de soif (& neanmoins ne pouuant auenir à boire
sus un monument, dens un seau, auquel residoit eau de
pluie) porta, & getta tant de pierres dens icelui, qu'en
fin croissant le monceau, fit remöter de l'eau pour boire.

Vindictæ trahit exitium.

Des Iuges 15.

Volontiers ceus qui conspirent vengeance, & qui la
portent (comme cy deuant est dit du Roy Charles VI.)
en sont punis les premiers. Ainsi en print il aussi es trois
cens Renars,qui porterēt les brandons (que Sanson leur
atacha) à trauers les blez des Philistins,pour les bruler.

Aequari pauet alta minor.

Tarquin le Superbe , pour faire entendre à son fils Tite Liue.
son intencion , sans se fier d'en communiquer autrement Valere le
à un Gentilhomme que sondit fils lui auoit enuoyé , s'en Grand.
alla pourmener dens un iardin , & là se print à abatre
auec une baguette les testes des plus grans Pauoz : com
me desirant lui faire entendre , qu'il lui plaisoit que les
grans

grans & puiſſans perſonnages des Gabiens, (dont il eſtoit queſtion, & entre leſquels ſondit fils auoit grandement inſinué ſon autorité, par ruſe) fuſſent chatiez & punis capitalement. Et ainſi par celle façon de faire ambigue, fit telle reſponſe ſanguinaire. Conſiderant (s'il eſt à preſumer) qu'un Prince, pour pacifier ſes païs, doit rendre les plus Grans obeïſſans.

Ecquis diſcernit vtrunque?

Par le Crible, ſont entendus les gens de bien, leſquelz,
comme le Crible purge le bon blé des mauuaiſes greines,
auſſi ſauent ils bien diſcerner le bon ſauoir d'auec le
mauuais, ce que ne font les meſchans, qui le prennent
ſans cribler.

k

Hac illac perfluo.

Le Tonneau des Danaïdes (*selon les Poëtes*) *est tant troüé & percé de tous cotez, que tant que lon y peut verser, il coule & gette dehors. A tel Tonneau donques ou semblable,* Plutarque, Terence, & *autres Auteurs, acomparent les Langars, les Ingrats, & les Auares. Pour autant que le Langard & causeur, ne peut rien tenir secret, mais gette tout dehors, L'ingrat & mesconnoissant, ne scet gré du bien qu'on lui fait, & l'Auare iamais n'est rempli, ny saoul.*

Plutarque.
Terence.

Virtutis Fortuna comes.

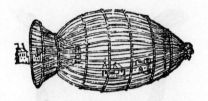

Les peintres, cuidans gratifier ou flater Timothee, Suidas.
Duc d'Athenes, à cause de sa richesse & pouuoir, pein
gnirent son efigie dormant : & aupres d'icelle, Fortune,
qui lui presentoit des Viles encloses dens des retz, ou si-
lez. Dont toutefois ledit Timothee fut marri, voyant
qu'ainsi ils atribuoient plustot sa felicité à Fortune, qu'à
Vertu. Plutarque dit que c'estoient ses ennemis, qui lui Plutarque.
figuroient telle peinture.

k 2

Prohibete nefas.

Aristote.　　*L'Amphisbeine , monstrueus Serpent, (ayant une*
Pline.　　　*teste en la queuē,ainsi qu'au deuant,de laquelle il mord,*
　　　　　　s'auance,& recule,quād il lui plait) pourroit bien estre
　　　　　　le Deuise d'un tas de traitres à deus visages, & enne-
　　　　　　mis domestiques : desquelz le danger est si grand,qu'il
　　　　　　n'y ha espece de peste plus eficace pour nuire , que telle
Cicero.　　*race de gens : selon Cicero. Qui sont les meschans dont*
　　　　　　dit ausi le commun prouerbe:

　　　　Tel par deuant fait bon visage,
　　　　Qui par derrier mord & outrage.

Tu decus omne tuis.

La vraye Gentilesse entre les lignees, ha prins son
origine premierement, de quelques actes memorables,
prouësses & faits insignes, ainsi qu'il auint à celle de
l'illustre Lysimachus Macedonien, lequel (auenant que　Trog.Pomp.
par commandement d'Alexandre, fut exposé en proye
d'un feroce Lion) esprouua de telle sorte sa vertu, lui
gettant la Main dens la gueule, qu'il lui arracha la Langue dehors, & l'estrangla sur le champ. Au moyen dequoy il rentra si auant en la grace de son Roy, que par
l'autorité & puissance, en laquelle il le constitua, fit ba-
tir la Vile de Lysimaquie, laquelle il lui plut ainsi nom-
mer de son nom.

k 3

Vsque recurrit.

Encores que Nature se puisse aucunemēt diuertir, si
esse qu'elle tend tousiours à retourner en sa premiere in-
clinacion. Ainsi que lon void d'un Arbre treillé, duquel,
combien que les brāches soient retenues par force, nean-
moins s'en vont & regettent les nouueaus sions, ou ils
tendent naturellement. Et ainsi en prent il des autres
choses,

choses, mesmes des bestes & gens, sur quoy court le com
mun prouerbe : Qu'on ne sauroit faire d'une Bu-
ze, un Esperuier, Ny aussi d'un Vilein, un Noble. Et à la verité, Le mortier sent tousiours les aulx.

Quocunque ferar.

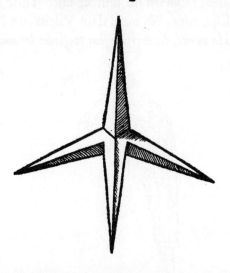

La chauſſetrape, de ſa forme, eſt touſiours dangereuſe: & preſte à nuire, en quelque lieu qu'elle tombe, pour auoir une pointe aigue & droite deſſus. Auſſi les malicieux & meſchans, ne ſe trouuent iamais ſans porter un malencontre à ceus qui les ſuiuent & frequentent. Ce furent telles chauſſetrapes, qui furent gettees à trauers les rues de Paris, par les meurtriers du Duc Louis d'Orleans (ci deuāt mencionné) à ce qu'on ne les ſuiuiſt.

Enguerr. de
Monſtrelet.

Spe illectat inani.

L'enchantement & illusion des chofes mondeines,
font de loin trefgrande promeffe aus mortelz : & les
alleichent de grande efperäce : mais de pres ce n'eft que
vanité,& abufion. Ainfi que peut demontrer le Leurre
de Fauconnerie, deceuable rapeau d'Oifeaus de proye.

k 5

Vlterius ne tende odijs.

S.Gregoire
Nazien.

La puiſſance humeine, ne peut aller, & ne doit con-treuenir à la Diuine : ainſi qu'il fut demontré à l'Em-pereur Valens, lequel (comme taché de l'erreur Arrien-ne) ayant eſcrit pluſieurs choſes concernans l'exil & banniſſement de ſaint Baſile, ne fut toutefois en ſon pou-uoir de paracheuer : pout autant que ſa Plume refuſa à rendre encre par trois fois, & ce nonobſtant pourſuiuant touſiours de ſiner & confirmer telle Loy, ou ordonnance pleine d'impieté, ſe vint à mouuoir ſa main dextre & trembler de telle ſorte, qu'adonq (ſurprins qu'il fut de peur & grand creinte) rōpit ſoy-meſme, à deus mains, toute telle eſcriture & inſtrument.

Hæc conscia numinis ætas.

Sur l'auenement d'Auguste Cesar à l'Empire, aparut à Romme (selon Pline) à l'enuiron du Soleil, comme une Coronne d'estoiles, ou d'espics de Blé: ensemble des Cercles de diuerses couleurs. Vray est que Suetone faisant mencion de tel sine, ne parle que d'un Cercle seulement, en semblance de l'Arc enciel: tenant toutefois (ainsi que dessus) toute la rotondité du Soleil. Mais Dion confirmant de plus pres l'opinion de Pline, dit (outre la mencion

Pline.

Suetone.

Dion.

mencion qu'il fait d'une Estoile non acoutumee, adonq
aparoissant) qu'il sembloit à voir, que la lueur du Soleil
se diminuast, & s'obfuquast : semblant encores qu'en
icelui fussent trois Cercles, l'un desquelz se demontroit,
comme enuironné d'espics de Froment. Et d'auantage
en autre lieu plus auant, dit encores ledit Dion, que le
Soleil (comme dessus) se diminuant & obfusquant, lui
soit aucunefois la nuit. Tant y ha, apres toute opinion, que
du tems dudit Auguste, nasquit Iesuchrist notre Sauueur : vraye lumiere, & Soleil de Iustice, duquel l'auenement aportant es humeins toute abondance, pouuoit
aussi bien estre demontré par le témoignage des cieus,
que fust sa mort & passion, selon l'Euangile, auquel
tems le Soleil perdant sa clarté, se firent tenebres vni-
uerselles. Et ne fait à esmerueiller, si les sines annonçans
la Natiuité du fils de Dieu, ont estez obseruez des
Payens (en ignorance de lui neanmoins) & leur ont
esté admirables, vù que les prodiges apres témoignans
tant sadite passion que resurreccion, ils ont trouué mer-
ueilleus. Ce que furent les tenebres de sa mort à saint
Denis, estudiant lors auec Apollophanes son Precepteur
en Egipte. Qui connoissant par son grand sauoir le Soleil s'estre obscurci outre Nature, se print (ainsi que dit
Suidas) à faire tel cri & exclamacion. Aut Deus Na-
turæ patitur, aut mundi machina dissoluitur.
Ou le Dieu de Nature soufre, ou la machine du monde
                                               veut

Suidas.

veut tomber en ruïne. Dauātage quant au grand tremblement de terre, qui auint à ſa reſurreccion, Pline (ſi
bien lon conſidere la concurrēce du tems) en peut auoir
aſſez apertement eſcrit en cette maniere : Maximus   Pline liure 2.
terræ memoria mortalium extitit metus, Tiberij
Cæſaris principatu XII Vrbibus Aſiæ una no-
cte proſtratis : *Le plus grand tremblement de terre,
qui ſoit de memoire d'hŏme, eſt celui qui auint au tems
de l'Empire de Tibere : par lequel en une nuit, furent
ruïnees douze Citez en Aſie.*

Haud fidit inane.

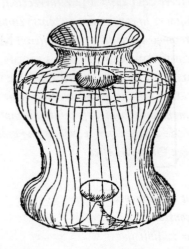

Pline.   *L'œuf leger & pourri mis en eaue, nage & flotte*
par deſſus : & le frais, plein, & peſant, deſcend touſ-
Quintiian. *iours & va à fons. Sur quoy peut on conſiderer, que*
d'autant qu'il y ha plus d'ignorance en un perſonnage,
& plus il eſt impudent, & effronté, aymant à eſtre
vù aparent, haut monté, & grand : & auſſi d'autant
qu'il y ha plus de ſauoir & d'intelligence, & plus il
eſt modeſte, humble, & haïſſant toute fole, & exte-
rieure oſtentacion.

Infringit solido.

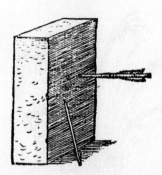

Voulant calomnier un personnage, ferme, magnanime , & constant , la Calomnie retourne contre le Ca-
lomniateur : Ainsi que fait un trait ou flesche contre
l'Archer, l'ayant tiré contre une pierre dure & solide.

Sans autre guide.

La Montioye des Pelerins, en branches nouees de
Geneste, ou autre arbre, ou petis moncelets de Pierres,
pour remerquer & adresser leurs chemins, represente
ci, que seule Vertu est la guide, pour suiuir les brisees
de felicité.

Fata obſtant.

Pour paruenir à quelque felicité & bonne fortune,
le chemin eſt dificile & mal aisé : ioint que poureté y
nuit & empeſche.

l

Terit & teritur.

Ainſi que la Pierre aguiſoire ſe gate, ſe uſe, & man
ge, en rongeant les ferremens : auſsi les meſchans, &
plaideurs volontaires & obſtinez, ſont contens de eus
ruiner, pour ruiner les autres: ſe deſtruire, & ſe mãger.

Sic prædæ patet esca sui.

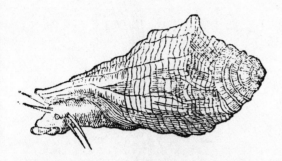

Le grand bien que le poisson apellé Pourpre, reçoit de
sa Langue, est d'autant à estimer, que c'est son moyen
de viure : prenant sa proye auec icelle. Et aussi le mal
que souuent lui en auient, est d'autant à creindre, que
par là, il prent la mort : estant tousiours pesché du Pes-
cheur par la Langue. De mesmes donques la Langue
humeine sagement faisant son ofice, est un tresor inesti-
mable : mais aussi la iangleresse, causeuse, & desgor-
gee est d'autant à redouter, qu'elle est mortifere, & ve-
nimeuse : estant aussi apellee vulgairement, Grand
Langue, & par ainsi tousiours representee par celle
du Pourpre, qui est fort grande, à la fin de laquelle dens
la gorge, ha encores ce Poisson l'humeur purpurin, qu'il
gette : come fait aussi la meschante Langue de ses actes
& issues : qui sont bien souuent sanguinaires.

l 2

Candor illæsus.

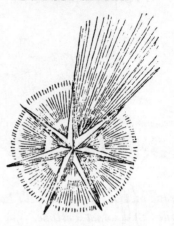

P̃ape Clement de *Medicis*, v 11. de ce nom, auoit pour
Ariſtote. *ſa Deuiſe une Comete : ou Eſtoile à queue. Ariſtote à
c propos eſcrit, que tout ainſi qu'une Comete, ou nouuelle Eſtoile aparoiſſant, ſiniſie aus humeins un grãd bien,
ou un grand dommage, auſſi l'auenemeut d'un nouueau
Prince : aporte à la Republique , ou bonheur , eu totale ruine.*

Prosper vterque mari.

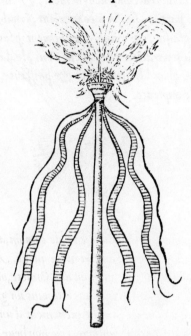

L'aparicion des deus Feus ensemble (que iadis les
Antiques nommoient Castor & Pollux) est estimee sur
la mer, à tresbon sine. Et celle de l'un d'iceus seulement,
est tenue à mauuais presage. Pareillement l'amour con-
iugale, reciproque, & reluisant ensemble, arriuant en
tourmente de mariage, & Republique de mesnage, est

l 3   *sine*

ſine de tranquilité, aſſurance, bon heur, & allegement.
Mais auſſi la diſtraccion, eslongnement, & diuorce en-
tre les deus parties, ſinifie inconuenient, trouble, dom-
mage, deſplaiſir, & ruïne. Autrement peut demon-
trer auſſi la ſeparacion de ces deus Feus, le danger qui
peut auenir, quand la ſeule force & puiſſance, ſe vient
à ſeparer de Sapience.

Sic spectanda fides.

Si pour eſprouuer le fin Or, ou autres metaus, lon les raporte ſur la Touche, ſans qu'on ſe confie de leurs tintemens ou de leurs ſons, auſsi pour connoitre les gens de bien, & vertueus perſonnages, ſe faut prendre garde à la ſplendeur de leurs euures, ſans s'arreſter au babil.

I 4

Sic violenta.

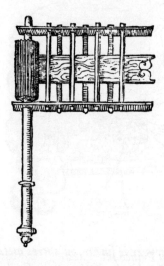

Toute violente crierie, est coutumierement de nul effet : ainsi que d'une Triquette, ou Tarteuelle.

Terror & error.

C'est fait en Prince magnanime, prudent, & bien auisé, & bon Capiteine, de tourner necessité en vertu: & se tirer (ensemble son armee) hors du danger de ses ennemis, par ruse, & sans coup fraper, les espouuantans seulement, comme fit le gentil Annibal, liant de nuit des Fagots ardans, sur les testes de ses Beufs.

l 5

Poco à poco.

De mesmes que lon peut voir les Herbes venues, &
non point les apercevoir croitre : aussi se peuvent voir
les Vertus crues , & non pas croitre : ny discerner leur
lent acroissement.

Aemula naturæ.

Continuelle exercitacion peut tant, qu'elle peut imiter Suetone.
Nature, comme fit aparoir Domician Cesar, lequel estoit
si fait & industrieux à tirer à l'arc, qu'il tira en la teste
d'une Beste deus flesches si droit, qu'il sembloit quasi
que ce fussent des cornes.

Renouata iuuentus.

S.Gregoire. *L'Esperuier au Soleil , se purge de ses meschantes plumes : Ainsi deuons nous faire des vices : aprochans Iesuchrist.*

Præpete penna.

L'Aigle esployé, ou à deus testes (suiuant la commu-
ne opinion) commença à estre porté en telle sorte , aue-
nant la diuision de l'Empire : lequel du tems de Char-
lemaigne, fut transferé en Orient & Occident. ou bien,
ainsi que dit Lazius *(Croniqueur du Roy des Rõmeins)*
du tems de Constantin , le Grand, lequel diuisa en deus
la Republique Rommeine, à sauoir l'une à Romme, &
l'autre à Constantinoble.

Attendite vobis.

aus Actes 20.   *Ce feroit un trefgrand bien (pour la tranquilité de l'Eglife Chretienne) que par l'obiect des Inftrumens de la champeftre Bergerie, les Pafteurs de la Spirituelle, veillaffent toufiours à bien faire leur deuoir.*

Viuit ad extremum.

La foy, & amour à son Prince , doit durer inuiola-
ble,& sans faute, iusques au dernier bout. Car quelque
vent qui auienne , & qui soufle , la foy ne s'en doit iamais esteindre: ains plustot reallumer,tout ainsi que fait
le feu au Brasselet de corde d'arquebuzerie.

Captiue Liberté.

Appian.   *Sortans du Senat les coniurez meurtriers de Iule Ce-*
far, aucuns d'entre eus portoient par Romme, le Cha-
peau fus une Lance (qui estoit le sine de Liberté, pour
estre lors la coutume de donner le Chapeau es Serfs, qui
estoient

estoient quites & francs,& en cette sorte iceus meurtriers alloient par les rues,enhortans le Peuple à repren
dre son autorité Ciuile. De maniere qu'ils cuidoient
adonq, estre en vraye Liberté : combien toutefois qu'il
leur en auint tout le contraire, vû que l'an ne fut passé,
qu'ils ne sussent tous perdus & tuez. Et par ainsi trouuerent que la licence de commettre vices & meschan-
cetez en ce monde, que nous estimons Liberté, est entierement Seruitute.

m

Police ſouuereine.

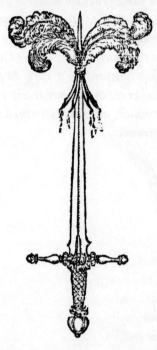

*En la Police ſouuereine ſont deus choſes, les Lettres
& Plumes, pour le conſeil, & l'Eſpee pour l'execucion.*

Superſtitio religioni proxima.

Quand le Diable par ſa cautele & malice, veut introduire en ce monde quelque grand abus & meſchan
ceté, il taſche touſiours de deſguiſer & couurir ſa men-
terie de quelque ombre de verité: encores que ce ne ſoit
tout que illuſion, ſortilege, & enchantement. Ainſi qu'il
fit quand premierement il enracina l'opinion & coutume d'Augurer, en faiſant croire au Roy Tarquinius Tite Liue.
Priſc. & au Peuple Rommein, que l'Augure Decius
Nauius, auoit coupé auec un Raſoir, l'entiere Pierre
aguiſoire.

m 2

De mal me paiſtz.

Plutarque.   *Vne Ventoſe, par ſon feu, & aplicacion, ne tire que le mauuais ſang. Et le meſchaut en ſon cœur, ne retient que les mauuaiſes choſes.*

Fons inuocantis.

Sanson, inuoquant Dieu à son ay̌e (se sentant preßé ^{Iuges 14.} d'extreme soif) fut secouru d'eau diuinement : laquelle adonq vint à fluer par l'une des grosses dents de la maschoire d'Asne, auec laquelle ledit Sanson auoit occis mile hommes. En quoy apert que la simplicité, merite de receuoir la grace de Dieu, par l'infusion desiree de sa sainte parole, qui est la vraye Fonteine viue.

m 3

Et l'un, & l'autre.

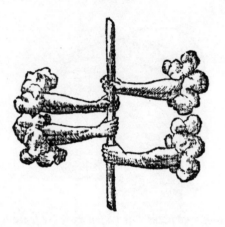

En quelque diferent qui auienne, il n'est possible que
l'une des parties puisse côtendre contre l'autre (quelque
bon droit, ou force qui y soit) qu'elle n'ayt tousiours sa
part de l'ennui & fascherie : si du dommage ne peut
auoir. Et en est comme du ieu de la Panoye, auquel n'y
ha celui des deus tireurs (posé que le plus fort vienne à
emporter le Baton) qui n'y ennoye toute puissance.

Consultori peſſimum.

Le mal , & punicion , tombe touſiours ſur ceus qui
conſeillent le mal,ou enſeignent de mal faire. Ainſi qu'il
en prent es Eſtandars,Enſeignes & Guidons,qui aſſem
blans & tirans les gens à la guerre , auſſi ſont ce les
premieres pieces en danger:& qui ont mal an. Dauan-

tage les concitateurs (en toute querelle & baterie) font
plus puniffables & font les Loix plus rigoreufes contre
eus , que contre les frapeurs & bateurs mefmes. Aule
Aule Gele. *Gele, à propos de ceus qui confeillent le mal, recite une*
hiftoire de la mefchanceté des Augures de Hetrurie,
lefquelz ayans efté apellez des Rommeins à caufe que
la ftatue d'Horacius Cocles auoit efté frapee de foudre,
leur perfuaderent (comme leurs ennemis couuers &
ocultes qu'ils eftoient) que ladite ftatue fuft colloquee
en lieu à l'efcart , & ou le Soleil ne la puft voir. De-
quoy neanmoins furent acufez, tellement qu'apres auoir
confeffé leur malice & trahifon , furent tantot mis à
mort. Et fut ladite ftatue mife en la place publique de
Vulcan : en lieu aparent & honnorable. Dont les enfans
(eftant telle chofe heureufement fuccedee à la Republi-
que) commencerent à chanter par toute la Vile (en def-
dain & contre iceus mal confeillans Augures) Mau-
uais confeil, à mauuais confeiller dómageable.

Vis nescia vinci.

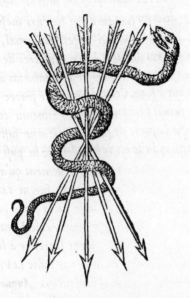

Scylurus Cheronesien (mencionné par Plutarque) laif- Plutarque.
fant à la fin de ses iours octante enfans masles, leur pre-
senta à tous une Trousse ou liasse de dards, à ce qu'ils
essayassent l'un apres l'autre, de la rompre. Lesquels toutefois n'en pouuans venir à bout, & lui ayans respondu
qu'il n'estoit possible : lui mesmes defaisant icelle Trousse, en rompit tous les dards, separément. Leur remon-
trant par tel moyen, que tant qu'ils perseuereroient

m 5   d'estre

d'eſtre vnanimes, & d'un acord, qu'ils ſeroiět touſiours
puiſſans & grans : mais auſſi là ou ils ſe viendroient à
ſeparer & diſtraire, ce ne ſeroit d'eus que foibleſſe &
abieccion. Meſme exemple pouuoit il auſſi mettre en
auant des pierres de l'iſle Cycladique Scyre, leſquelles
Pline. (ſelon Pline) eſtans entieres, nagent ſur l'eaue : & bri-
ſees s'en vont à fons. Cette Deuiſe donques de dards aſ-
ſemblez, ſuiuăt l'hiſtoire & la nature des pierres, que
deſſus, ſinifie la force de l'union eſtre inuincible : principalement quand elle eſt ceinte du bon lien de Prudence.

Quis contra nos?

Saint Paul, en l'isle de Malte fut mordu d'un Vipe- Aus Actes 28.
re : ce neanmoins (quoy que les Barbares du lieu le cui-
daſſent autrement) ne valut pis de la morſure, ſecouant
de ſa main la Beſte dens le feu : car veritablement à
qui Dieu veut ayder, il n'y ha rien qui puiſſe nuire.

Maturè.

A mesme argument (ce semble) que l'Empereur Ti-
te Vespasien portoit en Deuise l'Ancre, ensemble le Dau
phin, le Pape Paule III. portoit aussi le Cameleon &
le Dauphin, ainsi sinifiant tousiours celle lente hatiue-
té, ou maturité requise en tous afaires, esquelz faut en-
tendre moyennement.

Lux publica Principis ignes.

*Le Flambeau de feu ardãt,que se portoit par les Rom
meins deuant le Prince,(ainsi que lon voit par plusieurs
monnoyes,*

monnoyes , ou Medalles antiques, & duquel fait mencion Herodian , en ce qu'il traite de l'inauguracion de
l'Empereur Gordian)pouuoit euidemment representer,
que tel Prince, Empereur, Chef d'armee, Capiteine, ou
aussi Preteur,(qui mesmes du regne des Rois auoit char
ge, & pouuoir de faire droit & iustice es parties) de-
uoient estre plus clers , plus luisans , & lumiere à tous
autres,

Herodian.

In se contexta recurrit.

Benedices Coronæ anni benignitatis tuæ, *dit* Pſalm. 64.
le Pſalmiſte, faiſant mencion de la grand' grace, que la
bonté, beninité, & prouidence Diuine nous fait : nous
enuoyant annuellement une Reuolucion, coronnee de di-
uerſité de tous biens , s'entreſuiuans & tenans de pres,
ſelon leurs tems , & leurs ſaiſons. Par le Serpent , s'en-
tend l'annee : en enſuiuant l'Egipcienne antiquité.

Phitone perempto.

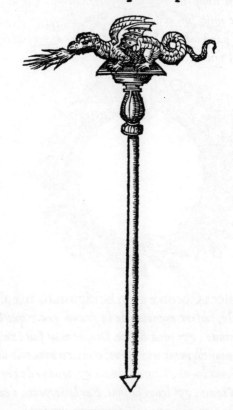

Venant à decliner l'Empire Rommein, & les anti-
ques coutumes à se changer, principalement quant à
porter

porter en guerre , auec l'enseigne de l'Aigle , à sauoir
celles du Loup, du Minotaure, du Cheual , & du San-
gler sut mise sur celle du Dragon : (amplement men-
cionnee par Claudian) laquelle pouuoit representer &   Claudian.
sinifier Vigilance.

Cœlo imperium Iouis extulit ales.

La principale Deuise des enseignes des Rommeins,
estoit l'Aigle : ce qu'elle est encores à present du saint
Empire, & fut preferee es autres par C. Marius: lequel
estant

estant paruenu à second Consulat, la dedia entierement
es Legions : selon Pline. l'Aigle donques, pour estre   Pline.
l'Oiseau creint & redouté de tous les autres, & (comme lon dit) leur Roy, aussi ha esté choisi pour remerquer
le Peuple & la nacion plus grande, & qui ha subiu-
gué assugetti & mis sous le ioug, toute autre. Vray est
dauantage que les Rommeins faisoient à leur enseigne
de l'Aigle porter l'image de la Foudre, comme estant
dedié à Iupiter & portant ses armes : & aussi pour
n'estre l'Aigle iamais frapé de la Foudre : selon Pline.

Infeſtis tutamen aquis.

Dion.   *L'Empereur Sergius Galba, ne fit comme les autres*
Empereurs ſucceſſeurs d'Auguſte, (l'image duquel ils
portoient en leurs Anneaus de cachets) mais ſina de la
Deuiſe de ſes parens & anceſtres:qui eſtoit d'un Chien
ſe baiſſant, & comme ſautant du haut de la proue d'un
Nauire en bas , qui pourroit eſtre ſine de bon guet , &
vigilance en grand peril & danger.

Antidoti salubris amaror.

Le moyen de faire notre salut, git en l'imitacion du
mistere de la Passion, & Croix de notre Redemteur:
qui est (ainsi qu'il est dit ci deuant) de paciemment por-

n 3   *ter*

ter les tourmens *& afliccions du monde , & par ainſi*
gouter (auec inuocacion du Nom de Dieu) de l'amertu-
me de ce miſtiq Calice ſalutaire , diſant un chacun de
Pſalm.1.5. *nous auec le Pſalmiſte* : Quid retribuam Domino
pro omnibus quæ retribuit mihi ? Calicem ſalu-
taris accipiam : & nomen Domini inuocabo.

Ceſſit victoria victis.

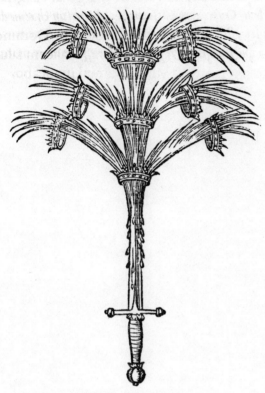

La ſanglante Eſpee du ſupplice des ſaints Martirs,
ſe conuertit en Palmes de perpetuelle victoire : portans
Coronnes de regne immortel. Et non ſeulemēt ſont apel-
n 4   *lez*

lez Martirs ceus qui espandent leur sang pour la Foy,
mais aussi ceus qui pour paruenir au regne celeste, portent leur Croix apres Iesuchrist : en endurant paciemment les afliccions, tourmens , & oprobres de ce monde, en quoy consiste & gist,un autre espece de martire.

Flauefcent.

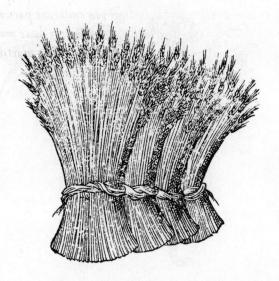

*Le feu Signeur Horace Farnefe, Duc de Camerin,
auoit pour fa Deuife quatre Gerbes verdes, en fine (felon mon auis) que la ieuneffe d'un Prince doit paruenir
à quelque bonne & parfaite maturité.*

n f

Vt lapfu grauiore ruant.

Pline.   *Il y ha perpetuelle inimitié entre le Dragon & l'Ai-*
gle : de forte qu'ils ne fe rencontrent fois , qu'ils ne s'at-
teingnent ou combatent. Et font leurs combats plus pe-
rilleux, d'autant qu'ils s'attaquent en l'air : là ou le Dra-
gon entortillant fa queue à l'Aigle , tombent fouuent
tous deus en bas. Et ainfi void on fouuët auenir de deus
orgueilleus , fiers , & hauteins , qui eftans toufiours in-
compatibles , coutumierement fe pourfuiuent & cher-
chent,

chent, iusques à s'empongner & batre : ou bien s'ils
peuuent se destruire. Car d'autant que plus ils s'esti-
ment, s'enleuent, & haussent, & plus se mettent en
danger de receuoir un plus grand coup.

Victrix casta fides.

Es *Cordeliers d'Auignon, sur le tombeau de Dame*
Laure, (tant celebree par Petrarque) *est en armoiries*
sa Deuise: qui est de deus Reinceaus de Laurier tra-
uersans, une Croisette sur le tout, ensemble une Rose sur
l'scusson : ainsi (peut estre) *representant, qu'au moyen*
de sa sainte foy, & *chaste amour, elle ha esté victorieu-*
se, sur les mondeines afeccions.

Ipsa suæ testis victoria cladis.

Auiourdhui se retrouue encores de la monnoye an-
tique, qui (selon son inscripcion) ha esté batue au nom
de l'Empereur Vespasian, en laquelle est imprimee une
Deuise d'un grãd Palmier, chargé de fruit. Or est ce un
arbre prouenant naturellement & abondant en Iudee,
region qui aussi fut conquestee par le susdit Empereur.
Et pour autant le Palmier en cet endroit, pourroit re-
presenter tant ledit païs, que aussi pareillement la con-
queste & desolacion d'icelui.

Malo vndique clades.

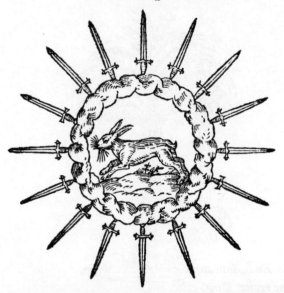

L'eſpee & glaiue par dehors, & le Lieure, ou la creinte par dedens, eſt en ſine qu'il n'y ha lieu de ſeur acces,pour les mauuais & malins: qu'ils ne ſoient touſiours en danger de punicion diuine, tant es chams,qu'en la vile:& de corps,& d'eſprit.Car ainſi ſont menaſſez meſmes (entre autres inſinis paſſages des ſaintes eſcritures) par ce propre trait Moſaïque : Foris vaſtabit eos gladius , & intus pauor. *Ils ſeront pourchaſſez par dehors à coups d'eſpee, & par dedens eſlonnez de creinte,frayeur, & eſpouuantement.*

Grandeur, par grand heur.

En l'Anneau de cachet de Pompee le Grand (com-
me recite Dion) estoient grauees trois Trophees: ainsi Dion.
qu'en celui de Sylla, euidente Deuise (pour vray) de la
memoire & témoignage de leurs plus grãdes, & plus
memorables victoires.

Improbitas subigit rectum.

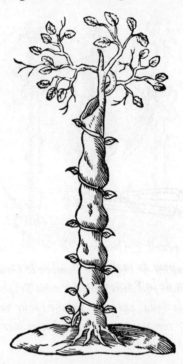

Le Lierre croissant aupres d'aucun bois droit, le gate
& ruïne par son entortillement. Aussi (comme lon dit
communement) Le tort bien mené, peut rendre le
droit inutile.

Pacis & armorum vigiles.

Par le reueil & horloge du Coq , & celui de la
Trompette , peut on iuger quelle diference il y ha entre
les repos, ou de la Paix, ou de la Guerre.

De paruis grandis aceruus erit.

De l'Eſpic, à la Glenne, & de la Glenne, à la Ger-
be. Ainſi le poure, bien auiſé, bien conſeillé, & diligent,
ſe peut aiſer & moyéner des biens. Eſquelz neanmoins
Dieu lui faiſant la grace de paruenir, faut qu'il s'arre-
ſte & mette ſon but, à la tresheureuſe ſufiſance : qui eſt
le comble de richeſſe. Se ſouuenant touſiours à ce propos d'un beau huitein, qui s'enſuit : Duquel toutefois, ſi
ie ſauoye le nom de l'Auteur, ne ſeroit ci non plus teu,
que

ue partie du los qu'il merite.

De moins que rien, lon peut à peu venir :
Et puis ce peu, n'a si peu de puissance,
Qu'assez ne fasse, à assez paruenir,
Celui qui veut auoir la sufisance.
Mais si au trop (de malheur) il s'auance,
Ne receuant d'assez contentement,
En danger est, par sa fole inconstance,
De retourner à son commencement.

Là, le danger.

La statue de Baccus, en Lacedemone, tenoit une Lan
ce, prinse & enuironnee de Lierre : duquel aussi estoit
couuert le fer de ladite Lance. Qui ainsi pouuoit desi-
gner,

gner, que ce n'est point par force, que les guerres se mei-
nent & gouuernent: mais bien par certeines inuolucions
de conseils, intelligences, pratiques, & menees, à la pa-
cience desquelles sont tousiours sugetz tous efforts, &
impetuositez belliques.

Nodos virtute refoluo.

Par la Deuife de *Monfigneur le Mareſchal de faint*
André, qui eſt du bras & eſpee d'*Alexãdre le Grand,*
coupant le *Nœud indiſſoluble,* en *Gordie, palais antique*
de *Midas,* ſe pourroit entendre (ſelon mon auis) certein
moyen que tient ledit *Signeur* à rendre par *vertu* faciles & aiſees, les choſes eſtimees de pluſieurs dificiles
& impoſſibles.

Turpibus exitium.

Tout ainſi que l'Eſcarbot ſe nourrit & vit entre les
ordures & voirie, & au cõtraire languit & ſe meurt
emmi les Roſes. Auſsi les ords voluptueus : ne peuuent
porter la ſuauité de l'odeur des bonnes choſes : mais ay-
ment mieus touſiours à ſe trayner en leur puanteur, vi-
lennie & meſchanceté.

O 4

Vnius compendium, alterius
stipendium.

Si un Serpent ne mangeoit l'autre, iamais ne deuien-
droit Dragon. Ainsi les Riches & puissans, croissent au
dommage d'autrui.

Confilio firmata Dei.

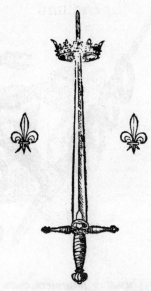

L'espee couronnee, ensemble deus fleurs de Lis, re- Eng. de Mo
luisans iadis en l'enseigne de la Pucelle d'Orleans, est strelet.
un perpetuel moniment de la defense & proteccion de
France.

S

Etiam Fortunam.

Pline.   *M. Sergius, Chevalier Rommein, ayant souuent combatu à l'encontre d'Annibal, & esté par lui prins deus fois prisonnier, & neanmoins par ruse tousiours eschappé de ses mains, perdit finablement en une bataille la main dextre. Dont depuis fut contreint de combatre de la gauche en quatre batailles. Toutefois par ce qu'il ne s'e aydoit pas si bien que de la droite, se fit enter une main de fer, de laquelle il combatit depuis si vaillamment, qu'il print & deffit en Gaule, douze camps des ennemis*

ennemis des Rommeins. Dont dit Pline , qu'il ne sçet
homme qui merite d'estre preferé audit Sergius : lequel
par sa vertu, prouësse, & vaillance, en veinquant mes-
mes la Fortune, merita un nombre infini de Couronnes.

Sic sopor irrepat.

Annales de
France.

*Comme Gontran Roy de Bourgongne (trauaillé de
la chasse) s'endormit es chams sus un sien Escuier, pres
d'un petit ruisseau, lui sortit de la bouche un petit bestion, qui s'en alla droit audit ruisseau, lequel il mar-
chandoit de passer. Ce que contemplant l'Escuier, tira
son espee qu'il mit à trauers le ruisseau, & ainsi passa
le bestion par dessus, puis s'en alla dens un petit pertuis
estant au pié d'une montagne, de là reuenant au ruisseau, repassa comme deuant sur l'espee : & rentra dens
la bouche du Roy : lequel sur ce point s'esueillant, recita
un sien songe à sondit Escuier, & côment il auoit passé
une riuiere sus un pont de fer, & auoit esté dens une
cauerne, sous une montagne, là ou il auoit vû de bien*
                                                    riches

riches & grans tresors. Quoy entendant son Escuier,
lui conta ce qui estoit auenu pendant son somme, de ma
niere que ce Roy fit creuser la montagne, en laquelle il
trouua force richesses, lesquelles il distribua es poures,
& Eglises, mesmes en fit couurir d'or la chasse saint
Marchel lez Chalon sur Saone, là ou il git.

Ie l'enui.

Au tems de la langueur & maladie de Charles VI.
de ce nom, Roy de France, que le Duc Louïs d'Orleans
son frere contendoit contre le Duc Ian de Bourgongne,
pour le fait du Gouuernement & aminiſtracion du
Royau

Royaume, ledit Duc d'Orleans (prouoquant son ennemi
à la guerre) chargea la Deuise du Baton noueux, se ia-
ctant ainsi, que là ou il fraperoit, la bigne s'y leueroit.
Et dauātage portoit escrit en ses enseignes IE L'EN-   Monstrelet
VI. *Deuise certes malheureuse, & contreuenant (com-*
me peruertie) au bien qui doit proceder des bonnes, les-
quelles sur toute chose consilient PAIX *& amour, mais*
au contraire cette ci poingnant de trop pres ledit Duc
de Bourgongne au cœur, le mit de telle sorte hors des
gens de raison, que le dāgereus Prince machina la mort
dudit Duc d'Orleans, lequel tantot apres à Paris fut
occis à la porte Barbette.

Hic houd.

Le Duc Ian de Bourgongne, nommé ci deuant, venu
au meschant ieu de la guerre, que son auersaire auoit
enuié: porta aussi en ses enseignes escrit en Flamand,
Hic hovd. qui est à dire, Ie le tiens, prenant
encores pour Deuise le Rabot, pour aplaner le Baton
noueus d'Orleans, selon l'indice de telle Deuise. Laquelle
(cŏme la deuantdite) donnant ocasion à mal, & estans
toutes deus plustot trompettes de sedicion, que Deuises
causerent (en partie) une infinité de malheuretez: &
sur tout la mort de ces deus puissans Princes: car comme il est dit ci deuant, ledit Duc de Bourgongne ayant
fait occire le Duc d'Orleans, fut aussi un tems apres,
meutri

meurtri à Montereaufautyonne. De cette Deuise du
Rabot, se void la statue dudit Duc de Bourgongne sur
sa sepulture es Chartreus lez Dijon: toute semee de Ra-
bots d'or, auec leurs coupeaus, ou esclats.

P

Cæcus amor prolis.

Pline.   *Le Singe, naturellement ayme tant, & est tant fol*
de ses petis, qu'en les embrassant & acolant, les estreint
si fort, que souuent les opresse, & tue. Et ainsi fait com-
me plusieurs peres, qui amignardent tant, & sont tant
douillets, & tendres de leurs enfans, qu'en fin n'en
font chose qui vaille.

Supplicio laus tuta semel.

Vn Indien que lon diſoit eſtre ſi bon archer & de-
xtre à tirer à l'arc, qu'il paſſoit ſa fleſche, de loing par
dedens un anneau) eſtant quelque fois importuné &
preſſé, de tirer par le commandement d'Alexandre, ne
pour cela, ne s'y voulut iamais acorder, ce que voyant le
p 2   Roy,

Roy, commanda qu'on le pendiſt. Donq, cõme on le me-
noit au ſuplice, ⁊ qu'on l'interrogeoit (ce pendant)
pourquoy il ne vouloit tirer, il fit reſponſe, qu'il auoit
peur de faillir, pour autant qu'il y auoit long tems qu'il
n'auoit tiré. Dequoy eſtant auerti Alexandre, ⁊ connoiſſant qu'il ne le faiſoit par cõtumace, mais par creinte de moquerie : le fit adonq relacher : s'eſmerueillant
de l'eſprit cupide de los ⁊ gloire, ⁊ dauantage conſiderant, qu'il auoit pluſtot aymé mourir, qu'eſtre trouué
aucunement indine de ſa renommee.

Omnis caro fœnum.

Si la nacion & le Peuple, lequel (en vain) ha plus
tourmenté le monde, que point d'autre, (se cuidant touſ-

iours agrandir , & immortaliser en icelui) uſt peu faire tant de ſon proufit, que de contempler en l enſeigne de
Romulus , ſon auteur & fondateur , ce qu'elle pouuoit

Seruius.
Ouide.
repreſenter, pour eſtre d'un Manipule, ou boteau de Foin,
ſus une Lance, il ne ſe fuſt tant rompu le corps , ny paſ-
ſionné l'eſprit : connoiſſant la mutacion & fragilité de
toutes choſes, eſtre ſi briee & ſi ſoudeine. Et principalement des corps charnelz : deſquels la generale &

Iſaïc 40.
tant hatiue mortalité, eſt acomparee par le Profete,
au Foin , de verd en ſec tombant : & fleur des chams
tantot fanee.

Tolle voluptatum stimulos.

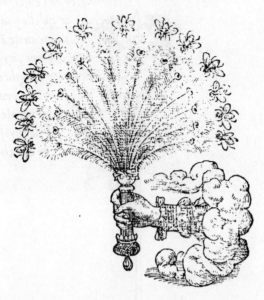

Ainsi que par l'Esmouchoir, (mesmes de plumes de S.Hierome.
Paon, ou sont figures d'yeus ouuers) sont chassees &
espouuantees les Mouches. Aussi deuons nous veiller,
& efforcer de reculer de nous, les voluptueus apetiz,
& charnelles concupiscences.

P 4

Paix outragee, se rend vengee.

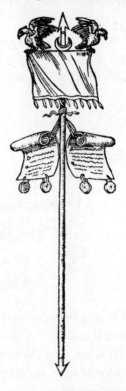

*Au tems de l'Empereur Zenon , les Perses se vin-
drent payer de leurs merites, au rapeau de leur meschan
ceté : car cuidans surprendre les Rommeins, & gaigner
l'enseigne*

l'enseigne Imperiale, a laquelle estoiēt attachez les trai-
tez de Paix p̄ tr eus alonques violee, tomberent la pluspart dens une fosse, à eus dressee sutilemēt. De sorte que
dens icelle furent attrapez iusques au Roy & ses enfans. Dauantage ne se sauuant encores le reste de l'armee que tout ne sust deffait par ambuscade.

Rerum Sapientia custos.

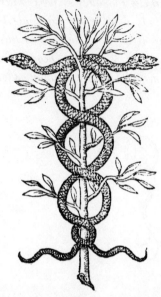

Madame Marguerite de France, tresillustre Du-
chesse de Berri, fait sa Deuise de l'Oliue, ensemble du
Serpent, sinifiant ainsi, toutes choses estre regies, & gou
uernees par sapience, ou sagesse.

Discite iusticiam moniti.

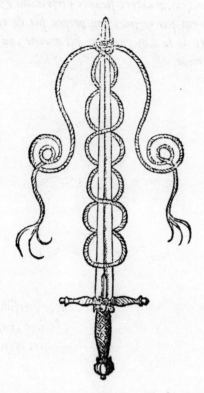

Basanus, Roy des Sicambriens, fils du Roy Diocles,
marchant en quelque lieu que ce fust publiquement, fai-
soit tousiours porter deuant soy une Espee nue, & une
Corde:

Corde : en fine de bonne Iustice. Et fut ce Roy si grand iusticier, (entre autres siennes perfeccions & vertus) qu'il n'y eut pas mesmes son propre fils de tous transgresseurs de la Loy, qu'il ne fist mourir, ou punir rigoreusement.

Concussus surgo.

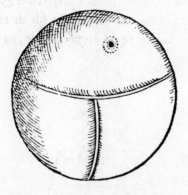

La Basle de vent (à iouer) estoit portee en Deuise,
par feu Monsieur l'Amiral de Chabot: ensemble le mot
sus escrit, declarant assez ladite Deuise.

Hac virtutis iter.

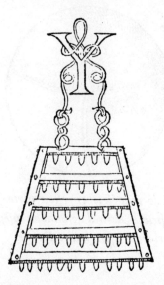

*La Herse tenant & liee à la lettre Pythagorique,
que portoit iadis en sa Deuise M. Pierre de Moruillier,
Chancelier de France (ainsi qu'il apert en l'Eglise saint
Martin des chams, à Paris) demontre assez que par labeur, lon peut paruenir à Vertu.*

Hoc Cæſar me donauit.

Charles VI. de ce nom, *Roy de France*, *deſirant de*
perpetuer la memoire de la prinſe qu'il auoit faite en la
foreſt de Senlis, d'un Cerf qui auoit au col une chaine, ou
colier de cuiure doré, auquel eſtoit eſcrit en lettre anci-
enne HOC CÆSAR ME DONAVIT, *print pour*
ſa Deuiſe un Cerf volant: ayant une couronne au col.

Victo seculo.

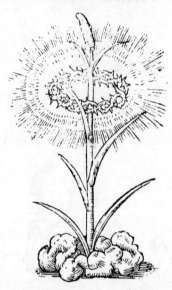

La Deuise de la couronne d'Espines , ensemble du
Roseau de la passion de notre Saueur Iesuchrist , est en
sine de son regne celeste & eternel , de sa victoire sur
le monde, & sur le Diable, Prince d'icelui.

Terriculum noxæ.

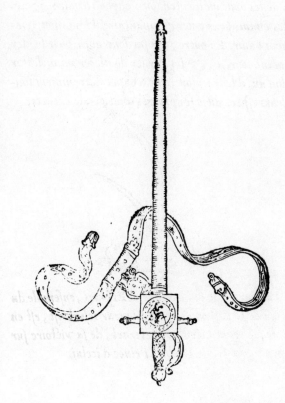

Pompee le Grand estant creé Chef d'armee, & Syl- Plutarque.
la l'enuoya en sicile, non seulement se porta en Prince
preux, hardi, & vigilant, mais aussi se gouierna tres
equit

equitablement : viuant en iufte Capiteine : de forte que
ceus de fes gens qu'il entendoit s'eftre debendez, & tenir les chams pour piller & mal faire, il les faifoit grie-
uement punir. En outre , & fur tout aufsi pour brider
fes auant coureus, & les garder de blecer ou molefter
quelqu'un, il leur fecloit, ou cachetoit diligemment toutes leurs efpees auec fes propres anneaus de cachets.

Hic terminus hæret.

Les grans Signeurs & nobles personnages pour ob-
uier à ce que l'affluence & felicité des biens , richesses
& honneurs , ne leur vienne à empescher la memoire
de se souuenir qu'ils sont hommes, ont tousiours vertueu-
sement tendu à se moyenner quelque representacion de
la fin : Ainsi comment fait encores à present M.de Boi-
zi , grand Escuier de France , portant en sa Deuise la
Souche estronquee , abatue , & tombee , auec le mot
sus escrit.

Mihi pondera luxus.

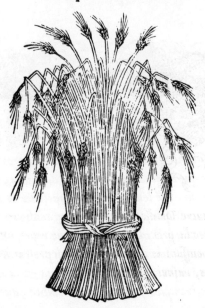

Seneque.   *Tout ainſi (dit Seneque) que la grande fertilité &*
peſanteur de greins, rompt & renuerſe les pailles des
Blez: auſſi fait l'aiſe & immoderee felicité, noz eſprits
& entendemens.

Nil amplius optat.

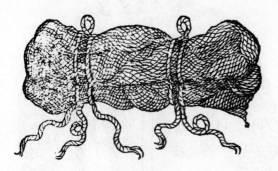

Vne autre Deuise d'aucuns Retz pliez, est aussi figuree auec la precedente : pouuant denoter une suffi-
sance, repoussant le desir de l'enuieuse chasse des choses
passageres, vaines, & muables.

¶ 3

Num flatus telluris honor.

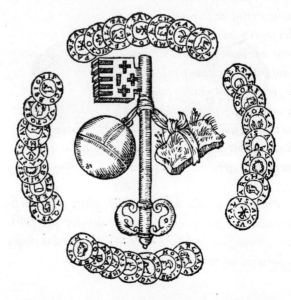

La coutume des Rommeins estoit, que les habitans
& sugetz de leurs Prouinces faisoient present à ceus
qui entroient nouuellement en ofices de Prefecture pe-
regrine, ou Preuoté & Presidence prouinciale (pour
leur ioyeus auenement) A sauoir de sept solz par teste,
une Mote, ou Gazon de terre, une Clef, & une Basle
ou Sachet, de forme Sherique. Le Gazon, en sine qu'il
failloit que le President deuoit donner tel ordre, que les
viures

Code 12. liure
tilt. de Prętor.

viures ne fuſſent chers : mais tenus à pris ſi raiſonnable,
qu'il n'y ſuruinſt cherté, ny famine. Et dauantage, que
icelui Preſident ſe gouuernaſt ſi diſcrettemēt, à l'endroit
des ſugetz, qu'il leur ſemblaſt auoir reçu de lui un chăp,
pour une mote de terre. Le preſent de la Clef, la liberté,
l'autorité, & pleine puiſſance de iuriſdiccion. Et la Baſle, repreſentoit grande puiſſance : comme lon lit qu'A-
lexandre interpreta la ſimificacion de la Baſle, Boule,
ou Globe, que lui enuoya le Roy Daire : ou bien ladite
Baſle montroit la totale aminiſtracion du gouuernement militaire.

Me pompæ prouexit apex.

*La plus grande recompenſe, ou plus grand loyer que
les antiques Rommeins eſtimaſſent faire aus Cheſz d'ar
mee, Empereurs, Capiteines, & Cheualiers victorieus,
c'eſtoit de les gratiſier & hŏnorer (ſelon toutefois leurs
merites, eſtats, charges, & degrez) de certeines belles
Couronnes: qui generalement, (à cette cauſe) furent
apellees Militaires. Deſquelles (pour auoir eſtees indice
& enſeignes de proueſſe & vertu) les figures des prin-
cipales*

cipales & plus nobles, sont ci tirees en Deuises : tant à
la louenge & memoire de l'antique noblesse, que pareillement à la recreacion, consolacion, & esperance de
la moderne, aspirant & desirant aussi de paruenir aus
gages & loyers, apartenans & dediez aus defenseurs
de la recommandable Republique. La premiere donques
mise en reng, representera la Trionfale : laquelle estant
tissue du verd Laurier, auec ses bacques, estoit donnee
au Trionfateur, auquel par decret du Senat, estoit licite
de trionfer parmi la vile de Romme, sur chariot, comme victorieus de ses ennemis. Desquelz neanmoins lui
conuenoit, auant la pompe, faire aparoir de la deffaite,
du nombre parfait de cinq mile, en une seule bataille.
La susdite Couronne trionfale, apres long trait de tems,
(declinant l'Empire) fut commencee à estre meslee, &
variee de Perles & pierrerie, & puis entieremēt chan
gee de Laurier naturel, en Laurier buriné, & enleué,
sus un cercle d'or : comme se void par les Medailles, de
plusieurs monnoyes antiques.

p 5

Merces sublimis honorum.

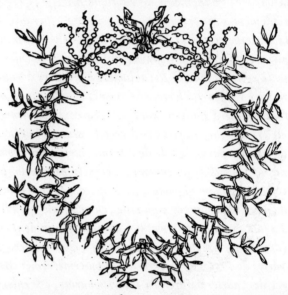

Au Capiteine, ou Cheualier, ayant soutenu un siege, estoit donnee la Couronne Obsidionale : ou Graminee: par les deliurez & gardez de l'ennemi. Et nonobstant que telle Couronne, fust seulement de Gramen (prins en cet endroit generalement pour toutes herbes qui se trouuoient, & lesquelles ils pouuoient arracher sur le lieu, incontinent au leuer du siege) si est ce, que (selon Pline) c'estoit la plus honorable de toutes : plus noble, & plus dine d'estre estimee.

Seruati gratia ciuis.

La Couronne, apellee Ciuique, estoit donnee par le Ci-
toyen, au Citoyen qu'il l'auoit sauué en guerre : en repre-
sentacion de vie sauuee. Et estoit celle Couronne , tissue
de fueilles, ou petis rameaus de Chesne:pour autant qu'au
Chesne, la vieille antiquité, souloit prendre sa substance:
son manger, ou sa nourriture.

Excidij turribus honos.

La *Couronne Murale* (qui eſtoit d'or, faite en forme
de creneaus de *Vile*) eſtoit auſſi donnee par le *Chef d'ar*
mee, ou *Empereur*, à celui qui premier gaignoit la mu-
raille : ſe gettant maugré les ennemis, par force dedens
leur vile.

Hoc valli infigne recepti.

La Couronne Caſtrenſe, Vallaire, ou Paliſſee, auſſi faite d'or, en maniere toutefois de Paus, ou Palis, eſtoit donnee par le Chef d'armee, ou Empereur, au premier qui (en combatant) entroit au camp des ennemis.

Classis monumenta subacte.

En guerre Nauale , le premier qui venoit par force
à saillir tout armé dens le Nauire , ou Galere des ennemis,estoit honnoré de la Couronne d'or, remerquee ainsi
que de Rostres , ou Prouës de vaisseaus de mer , qu'on
apeloit Couronne Nauale.

In hunc intuens.

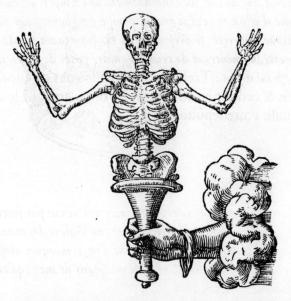

Quand pluſieurs des antiques Egipciens venoient à
banqueter de compagnie, la coutume eſtoit que pendant
le repas, l'un d'entre eus portant une image ou ſimula-
cre de Mort, s'en venoit le montrer à un chacun de tous
les aſſiſtans : en leur diſant l'un apres l'autre, Voy tu?
Regardes bien que c'eſt que cela, faiz tant bonne chere que tu voudras , car ainſi te faut deue-
nir. De l'auertiſſemeut & memoire de la fin, recite
aʃʃi

Isidore. *auſſi Iſidore , qu'à Conſtantinoble eſtoit l'ancienne cou-*
tume,que au iour du couronnement de l'Empereur, com-
me il eſtoit en ſa plus grande pompe & gloire,ſeant au
trone Imperial , ſe preſentoit un maſſon deuant ſa Ma-
geſté,lui montrant de trois, ou quatre ſortes de Pierres,
& lui diſant : Treſcher Sire, plaiſe vous de choi-
ſir & ordonner,de laquelle il vous plaira que lon
faſſe votre ſepulture.

Victoria limes.

Epictete Filozofe, estant interrogé par l'Empereur
Adrian, pourquoy c'estoit, que lon couronnoit un Mort,
lui respondit que c'estoit en sine & témoignage, qu'il
estoit eschapé, & auoit passé outre les trauaus, combats,
miseres, & pouretez de cette vie. De ce couronnement
des Morts, est fait mencion en Pline, disant qu'ainsi les   Pline.
portoit on enseuelir.

r

Spes altera vitæ.

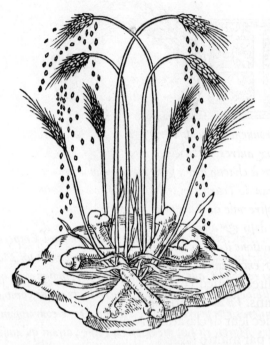

Les graines des Bleds, & autres herbages, femees
& mortifiees en terre, se reuerdoient, & prennent nou-
uel accroissement : aussi les corps humeins tombans par
Mort, serōt releuez en gloire, par generale resurreccion.

Priuilege du Roy.

ENRY *par la grace de Dieu Roy de France, au Preuoſt de Paris, Baillif d'Orleans, Rouen, Sens, Troye, Foreſtz, Maſcon, Viennois, & des montaignes du Dauphiné, Seneſ-chaux de Lion, Tholoſe, Valentinois, Prouuence, Forcalquier, & terres adiacentes, & à tous noz autres Iuſticiers & Officiers, leurs Lieutenans, & à chacun d'eux ſalut & dileccion. Noſtre bien amé Iean de Tournes, marchand Libraire & Imprimeur de noſtre vile de Lion, nous ha fait entendre que côtinuant le deſir & affeccion, qu'il ha de faire proufit à la Re-publique il auroit recouuert les copies de pluſieurs liures, & entre autres,* Les Metamorphoſes d'Ouide fi-gurees, auec l'expoſition des figures par hui-tains. *Vn autre intitulé,* Les Deuiſes Heroïques, auec leur declaration. *Plus,* L'Aſtronomie deſcri-te par maitre Iaques Baſſentin, Eſcoſſois. *Vn au-tre en Italien intitulé,* Due breui è facili trattati, il primo d'Arithmetica, l'altro di Geometria del Sig. Gio. Franceſco Peuerone di Cuneo. *Vn au-tre intitulé,* Epitome operis perquam vtilis mor-bis curandis. *Leſquelz liures il imprimeroit volon-*

tiers, *&* pour autãt qu'il est necessaire y faire plusieurs
fraiz, il creint que les autres Imprimeurs le vousissent
frustrer de son labeur, les faisant pareillement imprimer
vendre *&* distribuer, nous requerant sur ce lui pour-
uoir. Nous à ces causes de nostre grace especial *&* autorité Royal auons permis *&* permettons audit Iean de
Tournes de pouuoir imprimer, ou faire imprimer les
liures cy dessus specifiez en tel volume que bon lui
semblera. Et ce durant le terme de dix ans suiuans *&*
consecutifs, à commencer du iour *&* date de la premiere impression de chacun desdits liures. Et à fin que le
suppliant ne soit frustré de sesdits fraiz. Nous auons in-
hibé *&* defendu, inhibons *&* defendons à tous Libraires *&* Imprimeurs de ne durant ledit temps *&* terme
imprimer, ou faire imprimer vendre, ou distribuer aucun desdits liures en quelque forme que ce soit, sans le
vouloir *&* consentement dudit suppliant. Et ce sur pei-
ne de confiscation desdits liures *&* d'amende arbitrai-
re. Si vous mandons *&* tresexpressement enioingnons
par ces presentes à un chacun de vous endroit soy *&* si
comme lui appartiendra, que de noz presens, licence, et
priuilege, *&* de tout le contenu en cesdites presentes
vous faictes iouir *&* user le suppliant plainement *&*
paisiblement durant ledit temps, à commencer comme
dessus. Cessans *&* faisans cesser tous troubles *&* em-
peschemens au contraire. Voulons en outre qu'en mettant

sant par brief le contenu de ces presentes au commencement, ou à la fin de chacun desdits liures, que cela soit
de tel effet, force & vertu, que si elles estoient en leur
original signifees à chacun des Libraires, Imprimeurs,
& contreuenans à cesdites presentes. Au vidimus desquelles fait sous seel Royal ou seing de l'un de noz amez
& feaux Notaires & Secretaires. Nous voulons foy
estre adioustee comme au present original. Mandons &
commandons à tous noz Iusticiers, Officiers & sub-
ietz, qu'à vous ce faisant soit obey. Donne à saint Ger-
main en Laye, le vingtcinquieme iour du mois de Ianuier, l'an de grace mil cinq cens cinquante six. Et de nostre regne le dixieme.

Par le Roy, vous present.

De Vabres.